Martin Schwarz

Die Selbstverwaltung der Wasserversorgung

AF900525

Band 5 | Augsburger Schriften zur Umweltökonomie
Augsburg Writings in Environmental Economics

Herausgegeben von Prof. Dr. Peter Michaelis
Lehrstuhl für Volkswirtschaftslehre IV
Umwelt- und Ressourcenökonomie
Universität Augsburg

In dieser Reihe sind bisher erschienen:

Thomas Ziesemer
A Knowledge-based View of the Porter Hypothesis
(Band 1)

Clemens Heuson
Optimale umweltpolitische Instrumentenwahl bei Informationsproblemen und Marktmacht
(Band 2)

Raoul Schneider
Self-Enforcing Agreements in International Fisheries Management
(Band 3)

Florian Schlatterer
Banking und Borrowing im Europäischen Emissionshandel
(Band 4)

www.maroverlag.de

Martin Schwarz

Die Selbstverwaltung der Wasserversorgung

MaroVerlag

© 2014 by MaroVerlag, Augsburg · www.maroverlag.de
Alle Rechte vorbehalten.
Kein Teil des Werkes darf in irgendeiner Form (durch Fotografie, Mikrofilm oder andere Verfahren) ohne schriftliche Genehmigung des Verlages reproduziert oder unter Verwendung elektronischer Systeme verarbeitet, vervielfältigt oder verbreitet werden.

Gesamtherstellung: MaroDruck, Augsburg

Die Deutsche Nationalbibliothek verzeichnet diese Publikation in der Deutschen Nationalbibliografie; detaillierte bibliografische Daten sind im Internet über http://dnb.d-nb.de abrufbar.
The Deutsche Nationalbibliothek lists this publication in the Deutsche Nationalbibliografie; detailed bibliographic data are available in the Internet at http://dnb.d-nb.de.

ISBN 978-3-87512-335-7

Inhaltsverzeichnis

Abbildungsverzeichnis

Tabellenverzeichnis

Abkürzungsverzeichnis

Abs.	Absatz
BGBl.	Bundesgesetzblatt
BMU	Bundesministerium für Umwelt, Naturschutz und Reaktorsicherheit
BRD	Bundesrepublik Deutschland
bzw.	beziehungsweise
ca.	circa
d.h.	das heißt
ebd.	Ebenda
etc.	et cetera
evtl.	eventuell
i.V.m.	in Verbindung mit
Kap.	Kapitel
s.o.	siehe oben
u.a.	unter anderem
UN	Vereinte Nationen
vs.	versus
WHG	Wasserhaushaltsgesetz
WRRL	Wasserrahmenrichtlinie
z.B.	zum Beispiel

Vorwort

Die Bereitstellung von Wasser ist ein populäres Thema, dass in regelmäßigen Abständen in den Medien und politischen Debatten thematisiert wird. So erhielt beispielsweise im Jahr 2013 eine EU-weite Petition gegen die Liberalisierung der Wasserwirtschaft mehr als 1,8 Millionen Unterschriften und in einem Referendum vom Mai 2014 in Thessaloniki, Griechenland, votierte ein Großteil der abgegebenen Stimmen gegen eine Übernahme der Wasserversorgung durch private Unternehmen. Beide Beispiele zeigen auf, dass Debatten meist durch die Dichotomie von Staat oder privaten Unternehmen gekennzeichnet sind. In Thessaloniki erhielt jedoch im Vorfeld der Abstimmung eine weitere Option Beachtung. Dabei ging es um die Frage, ob die Bevölkerung von Thessaloniki die Trinkwasserversorgung von der Kommune erwerben könnte. In diesem Fall wäre weder der Staat noch ein privates Unternehmen verantwortlich für die Wasserversorgung, sondern die lokal betroffene Bevölkerung. Diese dritte Option ist Gegenstand der vorliegenden Arbeit.
Bereits im Jahre 2011 im Rahmen der Diplomarbeit von Martin Schwarz an der Wirtschaftswissenschaftlichen Fakultät der Universität Augsburg entstanden, hat sie aufgrund ihrer theoretischen Ausrichtung und der bereits erwähnten Aktualität der Thematik nicht an Relevanz verloren. Neben ökonomischen Grundlagen über die Fragen, ob Wasser ein ökonomisches Gut ist, wie ökonomische Güter nach der neoklassischen Wirtschaftstheorie bereitgestellt werden sollten und wel-

che Konsequenzen sich hieraus für die Bereitstellung von Wasser ergeben, verwendet der Autor die moderne Theorie der Allmende, die als Grundlage für die Übernahme der Wasserversorgung durch die betroffenen Individuen fungiert. Mit Hilfe dieser theoretischen Grundlagen analysiert Herr Schwarz die Kriterien für das Zustandekommen einer Selbstverwaltung anhand einer allgemeinen Sicht auf die Bundesrepublik Deutschland und anschließend anhand des Fallbeispiels der Wassergenossenschaft Ellerhoop, die bereits seit 2003 eine Art der Selbstverwaltung praktiziert.

Prof. Dr. Peter Michaelis
Augsburg, den 25.09.2014

Danksagung

Die Entstehung dieser Diplomarbeit hätte ohne die Unterstützung einer Reihe von Personen wohl nicht zu der hier vorliegenden Form geführt.
Daher möchte ich meinem Betreuer Dr. Thomas Ziesemer für seine Geduld und wissenschaftliche Expertise während der Beratungsgespräche danken, die mir in Phasen der Orientierungslosigkeit stets geholfen haben, den roten Faden der Arbeit wieder zu finden und die vielen wissenschaftlichen Einflüsse während dieser Zeit zu ordnen.
Des Weiteren wäre das Erreichen dieses Abschlusses nicht ohne die Unterstützung meiner Eltern und Familie, sowohl in mentaler als auch finanzieller Form, möglich gewesen. Herzlichen Dank hierfür an Euch alle.
Ein sehr großer Dank geht auch an Johanna, die in den nicht immer leichten und intensiven Schreibphasen stets eine große Unterstützung war und es mir ermöglicht hat, mich vollständig auf die Arbeit zu konzentrieren.
Zu guter Letzt danke ich Anton und Otto, die mit Ihren Anmerkungen und Korrekturvorschlägen für den inhaltlichen und sprachlichen Feinschliff gesorgt haben.

1. Einleitung

Während internationale Berichte über Wasser von den Schlagwörtern Wasserkrise oder Menschenrecht auf Wasser dominiert werden, zeichnet sich in der Medienlandschaft der zentraleuropäischen Staaten ein anderes Bild ab. Artikel wie „Der Mächtige plötzlich ohnmächtig“,[1] „Nicht ohne uns!“[2] oder „Die Wasser-Monopole“[3] thematisieren die Privatisierung der Wasserversorgung oder juristische Urteile in Hinblick auf die Preisbildung im Wassersektor. Diese Differenzen zeigen auf, dass das „blaue Gold“[4] zwar global gesehen Gegenstand von Debatten ist, jedoch regionale Unterschiede in den Themenschwerpunkten aufzufinden sind. Die von einer großen Öffentlichkeit wiederkehrend diskutierten Privatisierungen der öffentlichen Wasserversorgung bzw. die Abwehr eben dieser durch Volksbegehren stehen dabei unter besonderer Aufmerksamkeit in der Bundesrepublik Deutschland.[5] Abseits der überwiegend ideologisch geprägten Diskussion lässt sich hieraus ein wesentlicher Aspekt ableiten: die Bereitschaft der lokal betroffenen Bevölkerung die Art der Wasserbereitstellung zu beeinflussen. Während die öffentliche Diskussion größtenteils durch die Dichotomie von Staat oder Markt als mögliche Formen der Wasserbereitstellung geprägt ist, hat sich im wissenschaftlichen Dis-

[1] Klüver (2011)
[2] Grefe (2009)
[3] Bünder (2010)
[4] Barlow (2001), S. 25
[5] Im Folgenden abgekürzt als BRD.

kurs seit den 1980er Jahren mit der modernen Theorie der Allmende eine weitere Alternative herausgebildet.[6] Deren Grundlage basiert auf dem Potenzial einer Gemeinschaft von Individuen, welche mittels kollektiver Handlungen zu langfristig tragfähigen Problemlösungen beitragen können.[7] Unter den zahlreichen Fallstudien sind hauptsächlich Beispiele aus Entwicklungsländern anzutreffen, welche die Sektoren des Fischereiwesens, der Forstwirtschaft und der landwirtschaftlichen Bewässerungssysteme analysieren. Es ist verwunderlich, dass trotz des öffentlichen Interesses an Fragen der Wasserbereitstellung zum gegenwärtigen Zeitpunkt kaum eine Studie in der wissenschaftlichen Forschung die Wasserversorgung der BRD unter Verwendung der Theorie der Allmende untersucht. Diese Arbeit versucht daher die bestehende Lücke zumindest teilweise auszufüllen.

Zu Beginn stehen diesbezüglich die ökonomischen Grundlagen, welche die Frage der optimalen Bereitstellung in der Wasserversorgung beeinflussen. Wie werden ökonomische Güter charakterisiert und welche Implikationen ergeben sich aus einer Einteilung in eine bestimmte Güterkategorie? Woran kann aus ökonomischer Sicht die Vorteilhaftigkeit einer bestimmten Bereitstellungsart bewertet werden und worin liegen die Probleme spezifischer Arten der Güterversorgung auch in Hinblick auf die Wasserversorgung? Diese themenspezifischen Fragen sind Gegenstand von Kap. 2. Daran anschließend gibt Kapitel 3 eine Übersicht über die historischen Entwicklungen in der Wasserversorgung und die Argumente der Diskussion zwischen Staat und Markt als Wasserbereitsteller. Diese Debatte wird in Kap. 4 durch eine weitere Möglichkeit der Bereitstellung in Form der Selbstverwaltung von Individuen erweitert. Einer Hinführung an die moderne Theorie der Allmende anhand der Kritik traditioneller wissenschaftlicher Erkenntnisse folgt der zentrale Bereich der institutionellen Analyse

[6] Dietz et al. (2002), S. 6ff
[7] Ostrom (1998b), S. 425ff, Ostrom (2010), S. 648ff

von lokalen Allmenden. Im Fokus steht dabei die Untersuchung, wie Individuen trotz der Beachtung der individuellen Entscheidungskalküle zu Kooperation tendieren und damit mögliche Probleme in der Bewirtschaftung der Allmende überwinden können. Neben der Entstehung von Institutionen sind diesbezüglich auch die Identifizierung spezifischer institutioneller Ausgestaltungen entscheidende Komponenten. Mittels dieser theoretischen Grundlagen untersucht Kap. 5 die Wasserversorgung der BRD auf deren Potenzial für die Entstehung von Selbstverwaltungsorganisationen. Dieser allgemeine und theoretische Bereich wird ergänzt durch die Analyse der Wasser-Genossenschaft Ellerhoop in Hinblick auf die langfristige Erhaltung sowie durch eine Bewertung der Selbstverwaltung anhand der anfangs eingeführten ökonomischen Grundlagen.

2. Wasser und die Güterwirtschaft

Die erfolglosen Bestrebungen im Laufe des 20. Jahrhunderts alle Menschen mit einer Grundversorgung von Wasser auszustatten, haben in der internationalen und nationalen Wasserpolitik zu einem Umdenken und zur Abwägung ökonomischer Instrumente zur Lösung dieses Problems geführt.[8] Die Internationale Konferenz für Wasser und Entwicklung in Dublin hielt 1992 in ihrem Abschlussbericht fest, dass

> „Wasser als ökonomisches Gut wahrgenommen werden sollte, welches in all seinen konkurrierenden Nutzungen einen ökonomischen Wert besitzt".[9]

Wasser, unabhängig ob Ressource oder Gut, ist eine essentielle Grundlage des menschlichen Daseins. Neben der Funktion als Grundnahrungsmittel erfüllt Wasser aus anthropozentrischer Sichtweise religiöse, ästhetische, ökologische, soziale und auch ökonomische Zwecke.[10] Der Abschlussbericht der Dublin Konferenz führte zu einer leidenschaftlich geführten Debatte über die Frage, ob Wasser ein ökonomisches Gut darstellt. Abseits der grundsätzlichen, ideologischen Debatte, welche den Rahmen dieser Arbeit überschreiten würde, bildeten sich zwei generell unterschiedliche Interpretationen des ökonomischen Gutscharakters von Wasser heraus.[11] Einerseits besteht die

---

[8] Siehe Kapitel 3.
[9] Übersetzung des Verfassers nach WMO (1992)
[10] Bakker (2010), S. 3, McNeill (1998), S.254
[11] Van der Zaag und Savenije (2000), S.51

Überzeugung, dass Wasser, wie viele anderen Güter ein privates Gut darstellt[12] und der ökonomische Wert sich auf einem Markt bilden sollte, um eine ökonomisch optimale Allokation von Wasser sicherzustellen.[13] Andererseits wird der Charakter des ökonomischen Gutes im Sinne einer ganzheitlichen Entscheidungsfindung über die Allokation einer knappen Ressource interpretiert. Deren Ziel sollte nicht nur die ökonomische Effizienz beinhalten, sondern neben einer wirtschaftlichen Grundsatzdiskussion auch weitere politische und soziale Aspekte beachten.[14]

2.1. Wasser – ein ökonomisches Gut?

> "only what is rare is valuable; and *water*, which [...] is *the best of all things,* is also the cheapest."[15]

Die Analyse der Ursprünge dieser differierenden Interpretationen erfordert eine separate Betrachtung der Komponenten des Dublin-Berichtes. Zum einen stellt sich die Frage, welche Eigenschaften dazu führen ein Gut, ein materielles oder immaterielles Mittel, welches zur menschlichen Bedürfnisbefriedigung dient,[16] als ökonomisches Gut zu betrachten und zum anderen, was unter dem Begriff des ökonomischen Wertes zu verstehen ist.

---

[12] Gleick et al. (2002), S. 22, Green (2000), S. 205

[13] Vertreter dieser Position sind im weiten Sinne u.a. Briscoe (1996), Rogers et al. (2002).

[14] Green (2000), S. 205, Savenije (2002), S. 741;
Vertreter dieser Position sind u.a. McNeill (1998), Perry et al. (1997).

[15] Plato (o. A.), S.38, Hervorhebungen im Original

[16] Gabler (1992), 1438

Ein ökonomisches Gut bezeichnet nach Gabler ein Mittel zur Bedürfnisbefriedigung, „das nicht zu jeder Zeit und an jedem gewünschten Ort in der gewünschten Qualität und Menge zur Verfügung steht".[17] Wirtschaftliche Güter werden somit nach dem Indikator der Knappheit bemessen. Global gesehen übersteigt der Bestand der verfügbaren natürlichen Süßwasserreserven den menschlichen Wasserbedarf.[18] Die ungleichmäßige geografische Verteilung und die jahreszeitlichen Schwankungen des Süßwasserbestandes und qualitative Verunreinigungen führen jedoch zeitlich und auch räumlich zu lokaler Knappheit, womit die Kriterien des ökonomischen Gutes erfüllt sind. In Bezug auf das Knappheitskriterium besteht zwischen beiden soeben aufgeführten Interpretationen Übereinstimmung. Um von der Tatsache der ökonomischen Knappheit auf Arten der Bereitstellung zu schließen, bedarf es zusätzlicher Unterscheidungen (siehe Kap. 2.2.). Knappheit an sich impliziert lediglich die Notwendigkeit von Verteilungsaspekten und einem effizienten, d.h. nicht verschwenderischen Umgang mit Wasser.[19] Dies stellt einen der zentralen Aspekte der Volkswirtschaftslehre dar, welche die

> „Wissenschaft vom Einsatz knapper Ressourcen zur Produktion wertvoller Wirtschaftsgüter durch die Gesellschaft und von der Verteilung dieser Güter in der Gesellschaft [ist]."[20]

Die Allokation knapper Ressourcen und die Verteilung der produzierten Güter sind unmittelbar mit dem Begriff des ökonomischen Wertes verbunden. Am Beispiel der Allokation der Ressource werden Nutzensteigerungen aus der Produktion eines Gutes mit den Opportuni-

[17] Gabler (2011)
[18] UNDP (2006), S. 135
[19] McNeill (1998), S.254
[20] Samuelson und Nordhaus (2005), S.20

tätskosten der Verwendung für alternative Prozesse verglichen, damit Ressourcen am Ort der optimalen Wertsteigerung eingesetzt werden.[21] Eine Verteilung nach dem Kriterium des höchsten ökonomischen Wertes erfordert die Beurteilung des Gutswertes in seinen konkurrierenden Nutzungen. Nach Gabler ist der Wert eines Gutes im Allgemeinen die „Bedeutung, die Gütern im Hinblick auf ihre Fähigkeit, als Mittel zur Bedürfnisbefriedigung zu dienen, beigemessen wird.“[22] Diese Bedeutung kann im Sinne des Wasser-Diamanten Paradoxons von Adam Smith weiter untergliedert werden.

> “The word *value*, it is to be observed, has two different meanings, and sometimes expresses the utility of some particular object, and sometimes the power of purchasing other goods which the possession of that object conveys. The one may be called *value in use*; the other, *value in exchange*. The things which have the greatest value in use have frequently little or no value in exchange; and, on the contrary, those which have the greatest value in exchange have frequently little or no value in use. Nothing is more useful than water; but it will purchase scarce anything; scarce anything can be had in exchange for it. A diamond, on the contrary, has scarce any value in use; but a very great quantity of other goods may frequently be had in exchange for it”[23].

Die Bestimmung des Wertes hängt von Gebrauchswert und Tauschwert des Gutes ab. Der Gebrauchswert bezeichnet den Nutzen, der durch den Konsum des Gutes für ein Individuum entsteht. Der Tauschwert bemisst den „Grad der Knappheit im Verhältnis zum Be-

[21] Cuzán (1979), S. 320
[22] Gabler (1992), S. 3747
[23] Smith (1776), S. 14 (Hervorhebungen des Verfassers)

darf"[24] und kann somit als Synonym für den Preis betrachtet werden.[25] Der Preis bezieht sich demnach nur auf einen Teil des Gutwertes. Mit der Bestimmung des Tauschwertes befasst sich in der Volkswirtschaftslehre die Werttheorie, welche in objektivistische und subjektivistische Werttheorie unterteilt wird. In der objektivistischen Theorie wird der Tauschwert eines Gutes anhand der zur Herstellung aufgewandten Kosten bestimmt, ohne Berücksichtigung des Gebrauchswertes. Die subjektivistische Theorie, deren Grundlage die Grenznutzentheorie von Gossen und Menger ist, betrachtet demgegenüber den Gebrauchswert.[26] Die These, dass der ökonomische Wert ausschließlich am Marktpreis bemessen wird, wurde bereits Ende des 19. Jahrhunderts durch Jules Dupuit[27] und später durch Alfred Marshall[28] widerlegt, da dies implizieren würde, dass lediglich am Markt gehandelte Güter einen ökonomischen Wert besitzen. Der Preis gibt folglich nicht immer den ökonomischen Wert eines Gutes wieder und auch Güter ohne Marktpreis können über einen positiven ökonomischen Wert verfügen.[29] Infolgedessen können aus dem Abschlussstatement der Dublin Konferenz keine expliziten Arten der Bereitstellung gefolgert werden. Vielmehr lässt sich lediglich resümieren, dass Wasser nicht in unbegrenzten Mengen zur Verfügung steht und konkurrierende Nutzungen sowohl im Einsatz als Produktionsinput als auch in der Verteilung von Wasser und seiner Bedeutung für ökologische Systeme bestehen.

Demzufolge steht nicht die Frage im Vordergrund, ob Wasser ein ökonomisches Gut ist oder nicht, da die Wasserversorgung viele As-

[24] Gabler (1992), S. 3747
[25] Ebd., S. 2629
[26] Ebd., S. 3747f
[27] Dupuit (1969)
[28] Marshall (1975)
[29] Hanemann (2006), S. 62

pekte eines ökonomischen Gutes aufweist.[30] Bei der Betrachtung als ökonomisches Gut sollte vielmehr die multifaktorielle Nutzung und die Besonderheiten von Wasser als nicht-substituierbare und lebensnotwendige Ressource beachtet werden.[31] Nach der Europäischen Union ist Wasser daher „keine übliche Handelsware, sondern ein ererbtes Gut, das geschützt, verteidigt und entsprechend behandelt werden muss.“[32] Infolgedessen bedarf die Bewirtschaftung der Wasserressourcen einer Ausrichtung an den drei Grundsätzen der Nachhaltigkeit.[33] Abseits der verschiedenen begrifflichen Interpretationen des Begriffes der Nachhaltigkeit steht im Kern eine Berücksichtigung der Bedürfnisse zukünftiger Generationen, welche anhand der ökologischen, sozialen und ökonomischen Dimension ausgemacht werden.[34] In diesem Zusammenhang gilt es Entscheidungsprozesse über den Umgang mit Wasserressourcen unter Beachtung intersektoraler Beziehungen, variabler Zielgrößen und einer Abwägung der drei Nachhaltigkeitsaspekte durchzuführen. Entscheidungen, welche z.B. soziale Gleichberechtigung oder ökologische Faktoren begünstigen, können vice versa unter Umständen zu Lasten ökonomischer Effizienz im Sinne von Pareto-Optimalität gehen.[35]

[30] Bakker (2010), S. 82, Perry et al. (1997), S. 1
[31] McNeill (1998), S.254
[32] EG (2000), S. 2
[33] Adams et al. (2001), S. 14f, Solanes und Gonzalez-Villarreal (1999), S. 8, UNCED (1992), S.203
[34] Paehlke (2004), S. 35f
[35] Kahlenborn und Kraemer (1998), S. 2

2.2. Einteilung von Wasser in die Güterkategorien

In der wissenschaftlichen Literatur wird Wasser durch unterschiedliche Güterkategorien wie öffentliches Gut,[36] privates Gut,[37] unreines öffentliches Gut,[38] Allmendegut,[39] Klub- oder Mautgut,[40] oder auch Gemein- oder Gemeinschaftsgut[41] beschrieben. Diese unterschiedlichen Bezeichnungen machen deutlich, dass es einer genauen Definition der Güterarten bedarf um begriffliche Verwechslungen zu vermeiden.[42] In den Wirtschaftswissenschaften gibt es unterschiedliche Möglichkeiten Güter zu unterscheiden. So kann die Unterscheidung z.B. anhand der Verfügbarkeit (freies vs. knappes Gut),[43] der Verwendungssphäre (Konsumgut vs. Investitionsgut),[44] dem Nachfrageverhalten (vollkommenes Substitutionsgut, Komplementärgut und Ungut; normales, inferiores und Giffen Gut),[45] oder auch dem Ausschluss und der Rivalität im Konsum (öffentliches Gut, Allmendegut, Klubgut, privates Gut)[46] stattfinden. Da der Schwerpunkt dieser Arbeit auf alternativen Wegen der Bereitstellung von Wasser jenseits von Staat und privaten Unternehmen liegt, bieten sich die Kriterien des Ausschlusses vom und der Konkurrenz im Konsum an, welche vor allem in der Diskussion der Rolle des Staates zur Bereitstellung von Gütern

[36] Krüger (2003), S. 197f, Zetland (2011), S. 19
[37] Zetland (2011), S. 19
[38] Cutler und Miller (2006), S. 154, Dobner (2010), S. 207
[39] Dobner (2010), S. 179, Ostrom und Ostrom (1977), S. 13, Zetland (2011), S. 19
[40] Savas (1987), S: 39
[41] Ostrom (2011), S. 110
[42] Ostmann et al. (1997), S. 109, Shmanske (1991), S. 4 bemerkt hierzu, dass es solch zahlreiche Literatur über öffentliche Güter gibt, dass die Erwähnung ebendiesen eine umfassende Interpretation des Begriffs zulassen. So existiert eine Vielzahl von Definitionen, jede mit ihren eigenen, unterschiedlichen Annahmen und einem spezifischen Model zugrunde liegend.
[43] Gabler (1992), S. 3783
[44] Ebd., S. 1440f
[45] Pindyck und Rubinfeld (2009), S. 115f, S: 165f, S. 173f
[46] Musgrave und Musgrave (1973), S. 52ff.

und in der ökonomischen Theorie öffentlicher Finanzen benutzt werden.[47]

Die Problematik der öffentlichen und privaten Güter wurde bereits im 18. Jahrhundert durch David Hume[48] und wenig später durch Adam Smith[49] in wissenschaftlichen Beiträgen diskutiert. Smith erkannte zwar, dass Märkte aufgrund bestimmter Eigenschaften von Gütern versagen können und eine öffentliche Versorgung dieser Güter daraus resultiert, ging aber nicht näher auf die Eigenschaften dieser Güter ein.[50] Eine kontroverse wissenschaftliche Diskussion über die Gütercharakteristika, welche die Basis der modernen Theorie öffentlicher Güter bildet, ergab sich erst Ende des 19. und Anfang des 20. Jahrhunderts.[51] Als Begründer der modernen Theorie der öffentlichen Güter wird heute oftmals Paul Samuelson nach seinem 1954 veröffentlichten Artikel „The Pure Theory of Public Expenditure" genannt.[52]

Während Samuelson sich anfangs lediglich auf die Dichotomie öffentlicher und privater Güter beschränkte, was für Ökonomen des Öfteren zu Einordnungsschwierigkeiten von Gütern führte, entstand zunehmend die Vorstellung eines Güterkontinuums, welches Mischformen für Güter zulässt, die nicht eindeutig den Kategorien öffentlich und privat zugeordnet werden können.[53] Viele Wissenschaftler fokussierten sich in der Folgezeit auf die Mischgüterfälle, was einerseits z.B. zur Entstehung der Theorie des Klubs führte,[54] andererseits je-

[47] Musgrave und Musgrave (1973), S.1ff
[48] Hume (1896), die Originalausgabe datiert aus dem Jahr 1740.
[49] Smith (1776)
[50] Musgrave (1983), S. 142
[51] Ebd., S. 144f
[52] Samuelson (1954), S. 387, Musgrave (1983), S. 141
[53] Pickhardt (2003), S. 18f, Samuelson (1955), S. 356
[54] Buchanan (1965)

doch auch zu einem immensen Anstieg unterschiedlicher Definitionen der Güter führte.[55]

In der heutigen wirtschaftswissenschaftlichen Literatur findet man häufig das von Musgrave und Musgrave[56] verwendete Klassifikationsschema.[57] Dabei werden Güter anhand der Charakteristika der Rivalität im Konsum und des Ausschlusses vom Konsum unterteilt. Mittels dieser Kriterien wird zwischen vier Güterkategorien (Tabelle 1) unterschieden: privates Gut, Allmendegut, Klubgut und öffentliches Gut.[58]

Konsum	ausschließbar	nichtausschließbar
rivalisierend	Privates Gut	Allmendegut
nichtrivalisierend	Klubgut	Öffentliches Gut

Tabelle 1: Gütereinteilung[59]

[55] Pickhardt (2003), S. 19

[56] Musgrave und Musgrave (1980), S. 78 benennen zwar lediglich "privat goods" und "social goods", betonen aber die Bedeutung von Mischgütern, welche in der Realität häufiger auftreten als die beiden Güterpole.

[57] Pickhardt (2003), S. 115

[58] Blankart (2008), S. 60, Buck (1998), S. 5, Donges und Freytag (2009), S. 183, Hess und Ostrom (2001), S. 54, Ostrom und Ostrom (1977), S. 12, Ostrom et al. (1994), S. 7, Zetland (2011), S. 19.
Blankart verwendet zwar die identische Unterscheidung, bezeichnet Klubgüter jedoch als Mautgüter und führt zusätzlich zu Allmende das Synonym Gemeingut ein.

[59] Verändert nach Donges und Freytag (2009), S. 183

2.2.1. Öffentliches und privates Gut

2.2.1.1. Definition

Öffentliche und private Güter stellen die Extremformen dieser Güterunterteilung dar, da sie entweder beide Kategorien nicht erfüllen bzw. exakt bedienen. Wie obige Tabelle verdeutlicht, werden öffentliche Güter in der ökonomischen Theorie anhand des Extrems der Nichterfüllung beider Kriterien charakterisiert.[60]

i. Keine Rivalität im Konsum
ii. Ausschluss vom Konsum ist nicht möglich

Ein Gut ist *nicht rivalisierend im Konsum*, wenn der Konsum des Gutes nicht auf ein einzelnes Individuum begrenzt ist. Der Nutzen kommt daher allen Individuen zugute, ohne Beeinträchtigung des Nutzens anderer.[61] Desweiteren kann ein Gut nichtrivalisierend sein, wenn die Grenzkosten der Bereitstellung an einen zusätzliche Konsumenten bei jedem Produktionsniveau gleich null sind.[62] Ein klassisches Beispiel beschreibt eine Strasse in Zeiträumen geringer Verkehrsaufkommen. Solange die Bedingung der geringen Verkehrsdichte gewährleistet ist, verringert ein zusätzliches Auto den Nutzen der bereits präsenten Autofahrer nicht.[63] Weitere Beispiele von Gütern, deren Konsum nicht rivalisierend ist, sind das öffentliche Fernsehen und Leuchttürme.[64]

[60] Donges und Freytag (2009), S.183, Stiglitz (2000), S. 79f
[61] Donges und Freytag (2009), S. 178, Musgrave und Musgrave (1973), S. 6f
[62] Pindyck und Rubinfeld (2009), S. 872
[63] Mankiw und Taylor (2008), S. 254ff
[64] Donges und Freytag (2009), S.178, Pindyck und Rubinfeld (2009), S.872f

Die *Nichtanwendbarkeit des Ausschlussprinzips* besagt, dass kein Individuum ohne tatsächlich geleistete Zahlung vom Konsum des Gutes ausgeschlossen werden kann. Der Ausschluss kann dabei entweder nicht möglich oder auch nicht erwünscht sein. Physische Begebenheiten oder gesetzliche Regelungen beeinflussen die Möglichkeit des Ausschlusses ebenso wie eventuelle unerwünschte Wohlfahrtseffekte aufgrund der Nichtrivalität im Konsum.[65] Ein klassisches Beispiel ist in diesem Fall die nationale Verteidigung, von welcher aus idealtypischer Sicht alle Bürger profitieren sobald diese aufgebaut ist. Weitere nichtausschließbare Güter sind die Ausrottung einer landwirtschaftlichen Plage oder ganz allgemein die Luft zum Atmen.[66]

Beide Kriterien zusammen charakterisieren öffentliche Güter, wie z.B. die innere und äußere Sicherheit, Straßenbeleuchtung oder die Grundlagenforschung.[67] Im Vergleich zu privaten Gütern werden die Kriterien der öffentlichen Güter in der Realität jedoch äußerst selten vollkommen erfüllt.[68]

Private Güter stellen den Gegenpol zu den öffentlichen dar. Sie weisen sowohl die Charakteristika der Rivalität im Konsum als auch des Ausschlusses vom Konsum auf. Zudem sind für die meisten privat bereitgestellten Güter die marginalen Kosten der Produktion einer zusätzlichen Einheit positiv.[69] Im Gegensatz zu öffentlichen kann bei privaten Gütern ein Konsument ohne Zahlungsbereitschaft vom Konsum ausgeschlossen werden.[70]

[65] Donges und Freytag (2009), S. 178, Hess und Ostrom (2001), S. 53, Musgrave und Musgrave (1973), S. 7

[66] Ostrom und Ostrom (1977), S. 10, Pindyck und Rubinfeld (2009), S. 873

[67] Donges und Freytag (2009), S. 183, Mankiw und Taylor (2008), S. 257ff, Pickhardt (2003), S. 17

[68] Pindyck und Rubinfeld (2009), S. 873

[69] Ebd., S. 873

[70] Donges und Freytag (2009), S. 178, Ostrom und Ostrom (1977), S. 10

2.2.1.2. Missverständnisse in den Güterbezeichnungen

In der öffentlichen Diskussion und auch in vielen wissenschaftlichen Fachbüchern führt die Verwendung des Begriffes öffentliches Gut oftmals zu Missverständnissen. Die Gründe hierfür sind vielfältiger Natur.

Innerhalb der Wirtschaftswissenschaften kann das Auftreten unterschiedlicher Definitionen als ein Grund einer noch unvollendeten Paradigmenentwicklung gesehen werden. Neben der in dieser Arbeit vertretenen mehrdimensionalen Definition, werden teilweise eindimensionale Definitionen vorgenommen, welche lediglich das Kriterium des Ausschlusses oder der Rivalität als hinreichend und notwendiges Kriterium ansehen.[71] Sowohl dem öffentlichen als auch dem privaten Gut werden demnach zwei der in Tabelle 1 dargestellten Güterarten zugeteilt. Diese Differenzen zeigen auf, dass eine Nichtberücksichtigung der zugrundeliegenden Definition zu erheblichen Missverständnissen führen kann. Des Weiteren existieren Definitionen, welche den Begriff der öffentlichen Güter als Sammelbegriff verwenden, der sowohl öffentliche Güter als auch Mischgüter umfasst.[72] Hinzu kommt die relativ späte Durchsetzung des öffentlichen Güterbegriffes in der wissenschaftlichen Literatur, weshalb eine Vielzahl synonymer Begriffe im Gebrauch ist. Nach Pickhardt[73] sind die drei häufig gebrauchten Synonyme das Kollektivgut,[74] das Gemeingut,[75] oder das soziale Gut.[76] Infolge der vorwiegend englischsprachigen wirtschaftswissenschaftlichen Fachliteratur treten ebenso bereits durch Übersetzungen unterschiedliche Bezeichnungen auf. Während ein

[71] Pickhardt (2003), S. 116f
[72] Kaul et al. (1999), S.4
[73] Pickhardt (2003), S. 19
[74] Samuelson (1954), S. 387, Gabler (1992), S. 2459, Olson (1968), S. 13
[75] Olson (1968), S. 13
[76] Bowen (1943), S. 27, Gabler (1992), S. 2459, Musgrave (1973), S. 52

„collective good“ einerseits ein Kollektivgut darstellen kann,[77] sind demgegenüber auch Übersetzungen zu Gemeingut aufzufinden.[78] Das Gemeingut wird auf der anderen Seite jedoch ebenso als Synonym für ein Allmendegut verwendet.[79] Diese begriffliche Vielfalt und die unterschiedlichen Definition lassen schlussfolgern, dass auch innerhalb der Wirtschaftswissenschaften kein allgemeiner Konsens über die Definition öffentlicher und privater Güter besteht, weshalb Malkin und Wildavsky zu dem Schluss kommen, dass aufgrund der Vielfalt der Auffassungen objektive Kriterien zur Bestimmung öffentlicher Güter nicht vorhanden sind.[80]

Abschließend sei noch darauf hingewiesen, dass selbst in der wirtschaftspolitischen Diskussion das öffentliche Gut häufig mit öffentlich *angebotenen* Gütern verwechselt wird.[81] Schulbildung ist z.B. rivalisierend im Konsum, da durch eine größere Klasse bei gleichbleibender Lehreranzahl die Aufmerksamkeit, die jeder Schüler durch die Lehrperson erhält, geringer wird. Zudem kann durch das Erheben von Schulgebühren auch das Kriterium des Ausschlusses erfüllt sein und die Charakteristika des privaten Gutes liegen vor. Die öffentliche Schulbildung wird folglich nicht auf Basis des Gutscharakters angeboten, sondern aufgrund positiver externer Effekte.[82] Staatlich bereitgestellte private Güter wie z.B. der öffentliche Nahverkehr oder auch Sport- und Freizeiteinrichtungen sind folglich zu differenzieren von öffentlichen Gütern.[83] Abseits der Wirtschaftswissenschaften ist die Bezeichnung öffentliches Gut meist allgemeiner gefasst, indem die

[77] Pickhardt (2003), S. 19
[78] MPI (2011)
[79] Blankart (2008), S. 57, Köhler (2008), S. 23, Ostmann et al. (1997), S. 108
[80] Malkin und Wildavsky (1991), S. 359f.
[81] Donges und Freytag (2009), S.177
[82] Pindyck und Rubinfeld (2009), S. 874
Görlach und Interwies (2003), S. 8f bezeichnen demgegenüber Bildung als öffentliches Gut.
[83] Donges und Freytag (2009), S.177

ökonomische Differenzierung anhand des Ausschlusses und der Rivalität um soziale und politische Aspekte des Zugangs, der Kontrolle und der Verteilung erweitert wird.[84]

2.2.2. Mischgüter

Zwischen den Güterpolen des öffentlichen und privaten Gutes sind Mischgüter oder auch „unreine öffentliche Güter“[85] durch die Erfüllung eines der beiden Kriterien charakterisiert und werden in Allmende und Klubgüter unterteilt.

2.2.2.1. Allmendegut

Der Begriff „Allmende“ oder auch „Gemeine Mark“ stammt ursprünglich aus der Landwirtschaft. Hier bezeichnet er im Gegensatz zu parzellierten Grundstücken einen Gemeinschafts- oder Genossenschaftsbesitz, der von einer Gruppe oder auch jedermann genutzt werden kann.[86]

Abseits der Landwirtschaft wird der Begriff der Allmende heute auch in den Wirtschafts- und Sozialwissenschaften verwendet. Die Theorie der Allmende in Kapitel 4 erfordert eine Unterteilung des Allmendegutes in Ressourcensystem und Ressourceneinheiten. Das Allmendegut bezeichnet demnach ein hinreichend großes Ressourcensystem, ob natürlich oder von Menschen geschaffen, bei welchem die Einschränkung oder der Ausschluss potentieller Nutzer zwar möglich aber kostspielig ist und gleichzeitig Rivalität im Konsum der Ressour-

[84] Brunnengräber (2003), S. 26ff
[85] Dobner (2010), S. 207
[86] Born (1977), S. 34, Gabler (1992), S. 98

ceneinheiten vorliegt.[87] Klassische Beispiele für eine Allmende sind Fischbestände in internationalen Gewässern, innerstädtische Strassen,[88] oder auch Grundwasserresevoire.[89]

2.2.2.2. Klubgut

Klub- oder auch Mautgüter tragen die Charakteristika der Nichtrivalität im Konsum und des Ausschlusses vom Konsum. Als Begründer der Ökonomie des Klubs wird James Buchanan[90] angesehen, der diese als Mittelweg zwischen der Theorie der öffentlichen und privaten Güter etablierte.[91] Der wesentliche Unterschied zu öffentlichen Gütern besteht darin, dass Klubgüter nur einer bestimmten Konsumentengruppe und nicht der gesamten Bevölkerung zur Verfügung stehen. Sie sind daher durch eine quantitative Obergrenze an Konsumenten charakterisiert.[92] Bei einer Nutzeranzahl unterhalb der Obergrenze ist ein Klubgut vergleichbar mit einem öffentlichen Gut, wobei das Trittbrettfahrerverhalten in der Regel durch ein Beitrittsentgelt ausgeschlossen werden kann. Des Weiteren ist der Ausschluss vom Konsum durch die Erreichung der quantitativen Obergrenze möglich.[93] Typische Beispiele für ein Klubgut sind Theater, Nachtklubs oder auch mautpflichtige Strassen.[94]

---

[87] Ostrom (1990), S. 30f
[88] Blankart (2008), S. 58ff.
[89] Donges und Freytag (2009), S. 190f
[90] Buchanan (1965)
[91] Shmanske (1991), S. 24
[92] Buchanan (1965), S. 1f
[93] Buchanan (1965), S. 12ff, Ostrom und Ostrom (1977), S. 12
[94] Ostrom und Ostrom (1977), S. 12

2.2.3. Wasser im Güterspektrum

Bereits zu Beginn des Kapitels wurden die vielfältigen Güterbezeichnungen für Wasser erwähnt. Die Untersuchung der unterschiedlichen Einordnungen erfordert neben der Betrachtung der Kriterien der Rivalität im Konsum und des Ausschlusses vom Konsum eine weitere Unterteilung in konsumtive und nicht-konsumtive Nutzung, welche sich direkt auf die Erfüllung der Kriterien auswirkt.

Angenommen, eine oberflächliche Wasserressource (See, Fluss oder Meer) ist für jedermann frei zugänglich und auch quantitativ ausreichend vorhanden. Die nicht-konsumtive Nutzung des Wassers als Freizeitaktivität, wie eine Schifffahrt oder als Erholungsgebiet, kann als öffentliches Gut angesehen werden. Wasser wird in diesem Zusammenhang nicht verbraucht sondern z.B. lediglich zur Navigation der Schiffe genutzt. Sofern nicht zu viele Nutzer gleichzeitig die Wasserressource beanspruchen, liegt aufgrund der Annahmen keine Rivalität im Konsum vor und auch der Ausschluss vom Konsum ist nicht möglich.[95] Auf der anderen Seite stellt Flaschenwasser aus dem Supermarkt wohl eines der unumstrittenen Beispiele in der Gütereinordnung dar. Das Wasser wird durch Kauf erworben, und diese Flasche steht anderen Konsumenten nicht mehr zur Verfügung. Der Kauf des Wassers stellt eine konsumtive Nutzung dar und aufgrund der Rivalität als auch dem Ausschluss ist Flaschenwasser ein privates Gut.[96] Ein Allmendegut ist Wasser, wenn es z.B. mittels eines öffentlichen Brunnens aus einem Grundwasservorkommen gepumpt wird.[97] Jeder kann potentiell auf den Brunnen zugreifen, die konsumtive Nut-

[95] Beecher et al. (1995), S. 7, Dobner (2010), S. 159, Ostrom, V. (1962), S. 451, Zetland (2011), S. 20
[96] Beecher et al. (1995), S. 7, Dobner (2010), Ostrom (2011), S. 111, Ostrom, V. (1962), S. 451, Zetland (2011), S. 19
[97] Ostrom und Ostrom (1977), S. 13

zung ist jedoch rivalisierend im Konsum. Erstgenanntes Beispiel unterscheidet sich in dem Maße von letzteren, dass Wasser nicht entnommen wird, sondern lediglich als Medium für andere Zwecke dient. Im Falle des Flaschenwassers und des Brunnens wird das Wasser konsumiert und steht anderen potentiellen Konsumenten daraufhin nicht mehr zur Verfügung. Nach Vincent Ostrom (1962) sind die meisten nicht-konsumtiven Wassernutzungen durch keine Rivalität im Konsum gekennzeichnet, während die konsumtive Nutzung, also die Entnahme von Ressourceneinheiten, zu Rivalität im Konsum führt.[98] Der Aspekt der Rivalität im Konsum kann bei Wasser auch noch aus einer anderen Perspektive gesehen werden. Wird Wasser konsumiert, unabhängig ob durch Trinken, landwirtschaftliche Bewässerung oder zur Kühlung von Produktionsanlagen, gelangt meist ein gewisser Teil dieses konsumierten Wassers zurück in den natürlichen Wasserkreislauf und steht daraufhin wieder zum Konsum zur Verfügung. Unter Berücksichtigung dieser Tatsache würde eine konsumtive Nutzung keine Rivalität im Konsum aufweisen. Der Wasserrückfluss impliziert jedoch nicht notwendigerweise eine Nichtrivalität im Konsum. Vielmehr hängt der Aspekt der Rivalität von der zeitlichen und räumlichen Betrachtungsweise ab. Zum Zeitpunkt des Konsums steht die konsumierte Wassereinheit an diesem Ort für einen anderen potentiellen Konsumenten nicht zur Verfügung und ist somit rivalisierend.[99] Zusammenfassend lässt sich sagen, dass bestimmte Wassernutzungen sicherlich den Charakter eines öffentlichen Gutes tragen können, es jedoch aus ökonomischer Sicht nicht richtig ist, Wasser generell als öffentliches Gut zu bezeichnen, da Rivalität im Konsum durch kon-

[98] Ostrom, V. (1962), S. 451
[99] Griffin (2006), S. 108, 111

sumtive Nutzung sehr häufig auftritt.[100] Meist stellt Wasser somit ein Gut dar, das weder rein privat noch rein öffentlich ist.[101]

Abhängig von der Perspektive und auch der Nutzungsarten kann Wasser in verschiedene Güterkategorien eingeteilt werden, wodurch die Einteilung der Wasserversorgung eine Betrachtung der einzelnen Komponenten erfordert. Da in Kapitel 5 auf die Wasserversorgung der BRD eingegangen wird, gilt es zusätzlich rechtliche Rahmenbedingungen zu beachten. Um die Versorgungssicherheit und die Wasserqualität sicherzustellen, besteht in Deutschland ein geregelter Anschluss- und Benutzungszwang in der Trinkwasserver- und Abwasserentsorgung. Jeder Bürger und jedes Wirtschaftsunternehmen ist dadurch, abgesehen von Ausnahmeregelungen, zum Anschluss und der Nutzung der örtlichen Versorgungsinfrastruktur verpflichtet. Zudem verhindern baurechtliche Vorgaben die Entstehung von Wohngebäuden ohne Anschluss an die Wasserinfrastruktur.[102] Aufgrund der rechtlichen Rahmenbedingungen in Deutschland wurde Wasser aus einem Leitungsnetzwerk somit bewusst nicht ausschließbar gemacht.[103] Wenn also Wasser, unabhängig ob Oberflächen- oder Grundwasser, eine Allmende ist,[104] so ist auch Wasser aus einem Leitungsnetzwerk, bei welchem der Ausschluss nicht erwünscht ist, eine Allmende.[105] Neben den institutionellen Rahmenbedingungen kann die Wasserversorgung ebenso mit Blick auf die Infrastruktursysteme als Allmende bezeichnet werden.[106] Ein weiteres Argument lässt sich anhand eines Vergleiches mit der in der Literatur unumstrittenen All-

[100] Griffin (2006), S. 108
[101] Weltbank (1993), S. 81
[102] UBA (2010a), S. 77
[103] Kaul und Kocks (2003), S. 41
[104] Adams et al. (2001), S. 7
[105] Hanemann (2006), S. 71, Künneke und Finger (2009), S. 5f
[106] Künneke und Finger (2009), S. 5ff

mende der Grundwasserbecken aufzeigen.[107] Zwei Aspekte sind hier hervorzuheben: um Grundwasserbecken nutzen zu können, fallen für potentielle Nutzer Anfangsinvestitionen, z.B. für den Bau eines Brunnens an, und da ein Grundwasserbecken klare geographische Grenzen besitzt, kann zudem keine unbegrenzte Anzahl von Nutzern darauf zugreifen.[108] Aus diesen Eigenschaften lässt sich folgern, dass ein Ausschluss vom Konsum bei Grundwasserbecken aus natürlichen Gründen möglich ist. Der allgemeine wissenschaftliche Konsens, dass Grundwasserbecken eine Allmende darstellen, besagt jedoch gerade das Gegenteil. Dies lässt vermuten, dass der Ausschluss aufgrund der Anfangsinvestitionen nicht relevant ist und die Problematik zu vieler Nutzer zwar theoretisch möglich, in der Praxis aber kaum realisierbar oder anzutreffen ist. Ein Vergleich mit dem Wasserversorgungsystem der BRD liefert folgendes Ergebnis: potentielle Nutzer müssen auch hier Anfangsinvestitionen tätigen um etwa das bestehende Leitungsnetzwerk auszubauen und einen Anschluss zu ermöglichen. Diese Investitionen dürften bei einer Ansiedlung in unmittelbarer Nähe zu bestehenden Netzwerken relativ gering ausfallen, da ca. 99% aller Haushalte an die öffentliche Wasserversorgung angeschlossen sind.[109] Es sind demnach gleichermaßen wie im Falle der Grundwasserbecken Anfangsinvestitionen notwendig. Ein Einwand an dieser Stelle könnte lauten, dass ebenso wie bei Klubgütern eine gewisse Obergrenze an Nutzern anhand des maximal beförderbaren Wasservolumens existiert und somit ein Ausschluss möglich wäre. Auch in diesem Fall ist auf die Besonderheiten der Wasserversorgung in Deutschland zu verweisen. Der seit Jahren rückgängige Wasserbedarf in Verbindung mit

[107] Adams et al. (2001), S. 7, Heikkila (2004), S. 101 Ostrom (2000b), S. 30, Poteete et al. (2009), S. 52, Sturm und Weimann (2006), S. 429

[108] Die Problematik der Ermittlung der Grenzen eines Grundwasserbeckens ist in diesem Fall zweitrangig und kann vernachlässigt werden, da es sich um ein rein theoretisches Argument handelt.

[109] UBA (2010a), S. 75

dem Trend zur zukünftig weiteren Reduktion[110] führt zu Überkapazitäten des Leitungsnetzwerkes[111]. Die Möglichkeit des Ausschlusses aufgrund einer Nutzerobergrenze ist demnach ebenso wie bei Grundwasserbecken lediglich theoretischer Natur. Daraus lässt sich schlussfolgern, dass die wissenschaftliche Akzeptanz über die Allmende Grundwasser auch die Betrachtung der Wasserversorgung in der BRD als Allmende rechtfertigt. Während das erstere Argument auf den institutionellen Rahmenbedingungen basiert und somit nicht auf die Charakteristik des Betrachtungsgegenstandes eingeht, beziehen sich letzere eindeutig auf technische Eigenschaften und das Kriterium der Nichtanwendbarkeit des Ausschlussprinzips. Das Allmendegut Wasserversorgung setzt sich somit aus der konsumtiven Komponente der tatsächlich konsumierten Wassereinheiten aus einer Wasserressource und der nicht-konsumtiven Komponente des Leitungsnetzwerkes zusammen.[112]

2.3. Ökonomische Theorie der Bereitstellung von Gütern

Die Einordnung in die vier Güterkategorien liefert wichtige Einsichten über spezifische Charakteristika des jeweiligen Betrachtungsgegenstandes, welche wiederum Auswirkungen auf die ökonomisch optimale Art der Bereitstellung der Güter beinhalten. Eine „gute" oder „optimale" Allokation ist jedoch stets abhängig von den zugrundeliegenden Zielen.[113] Daher erfordert die Bewertung der Bereitstellungsarten

[110] Seckler et al. (1998), S. 30
[111] BMVBS und BBR (2005), S. 55, Kluge et al. (2003), S. 42f
[112] Ostrom (1990), S. 32f, Weltbank (1993), S. 86
[113] Tietenberg (2002), S. 199

eine Beschreibung der Ziele und der Bewertungsinstrumente mittels derer ein Vergleich erst ermöglicht wird.

2.3.1. Ziele in der Wasserversorgung

Nach Olivia Choe umfassen die grundsätzlichen Ziele in der Wasserversorgung die langfristige, ökologische Erhaltung der Ressource, den effizienten, nicht verschwenderischen Einsatz von Wasser und die Gleichberechtigung innerhalb der verschiedenen Nutzer.[114] Diese Ziele sind kongruent mit dem übergeordneten Ziel der Nachhaltigkeit. Eine detaillierte Betrachtung lässt erkennen, dass sowohl Ziele im Bereich des natürlichen Ressourcenmanagements, welche sich z.B. auf die ökologische Erhaltung des Gutes beziehen, als auch im Bereich der Wasserbereitstellung in Bezug auf die ökonomisch effiziente Art der Bereitstellung zu beachten sind.[115]

Die Nutzungsansprüche zwischen konkurrierenden Nutzern sowie im Wettbewerb stehenden Nutzungen stellen eines der zentralen Probleme des Ressourcenmanagements dar.[116] Entsprechend erhält die Gewichtung der einzelnen Nutzer und Nutzungen sowohl aus Sicht des ökonomischen wie ökologischen als auch des Gleichberechtigungsziels eine wichtige Bedeutung. Die folgende Analyse konzentriert sich jedoch hauptsächlich auf die Bewertung einer staatlichen oder privaten Bereitstellung der Wasserversorgung und wird die Aspekte des Ressourcenmanagements nur am Rande mit einbeziehen. Hinsichtlich der Art der Bereitstellung können ebenso die drei genannten Zielvariablen untersucht werden. Das in dieser Arbeit verwendete Bewertungsinstrument basiert auf der Allokations- oder auch

[114] Choe (2004), S. 1942
[115] Winpenny (2003), S. 5
[116] Griffin (2006), S. 11, Hirshleifer et al. (1969), S. 32

Wohlfahrtstheorie, welche mit Hilfe der Konsumenten- und Produzentenrente untersucht, ob unter gewissen Konstellationen die ökonomische Wohlfahrt einer Ökonomie maximiert wird.[117] Eine Analyse anhand unterschiedlicher Wohlfahrtsfunktionen würde den Rahmen der Arbeit jedoch überschreiten, weswegen ausschließlich die utilitaristische Wohlfahrtsfunktion Verwendung findet, die die Summe aller Nutzen bemisst.[118] Aus volkswirtschaftlicher Sicht steht dabei die Maximierung der Gesamtwohlfahrt im Vordergrund. Fragen der Gerechtigkeit und der Verteilung können dagegen auf Basis der Wohlfahrtsanalyse nicht beantwortet werden.[119]

2.3.2. Versorgung durch private Akteure

Die Eigenschaften der Rivalität im Konsum und des Ausschlusses vom Konsum führen dazu, dass grundsätzlich der Großteil der privaten Güter durch private Akteure bereitgestellt wird. Die neoklassische Wirtschaftstheorie ist gekennzeichnet durch den hohen Stellenwert marktlicher Allokationen, weshalb auch der Referenzpunkt der Wohlfahrtsanalyse auf der Annahme des vollkommenen Wettbewerbs basiert.

[117] Donges und Freytag (2009), S. 77, Pindyck und Rubinfeld (2009), S. 408, Stiglitz (2000), S. 53ff.
Der Begriff Wohlfahrt wird im ökonomischen Sinne verwendet und ist nicht zu verwechseln mit dem allgemeinen Sprachgebrauch des Wohlfahrtsbegriffes. Siehe hierzu Donges und Freytag (2009), S. 77.

[118] Pindyck und Rubinfeld (2009), S. 776

[119] Ebd., S. 774ff

2.3.2.1. Referenzpunkt vollkommener Wettbewerb

Aus Wohlfahrtsgesichtspunkten ist die Analyse der Entstehung von Angebot und Nachfrage zweitrangig. Daher wird unmittelbar mit der Untersuchung des Marktgleichgewichts in einem vollkommenen Wettbewerbsmarkt begonnen. Anhand dieses Referenzpunktes lassen sich daraufhin die verschiedenen Arten der Bereitstellung von Wasser mittels einer Wohlfahrtsanalyse beurteilen.

Die Allokation von privaten Gütern, d.h. die Menge und der Preis eines Gutes, stellt sich in den Wirtschaftswissenschaften durch das Zusammenspiel von Marktangebot (S) und Marktnachfrage (D) auf einem freien Markt ein (Abbildung 1).

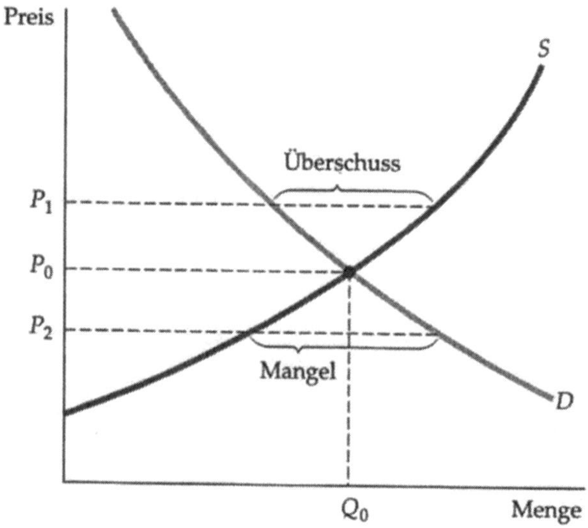

Abbildung 1: Vollkommener Wettbewerb[120]

[120] Pindyck und Rubinfeld (2009), S. 55

Das Modell des vollkommenen Wettbewerbes ist durch Preisnehmerverhalten, Produkthomogenität und freien Markteintritt und –austritt charakterisiert.[121] Das Marktgleichgewicht liegt im Schnittpunkt von Angebots- und Nachfragekurve. Durch den Marktmechanismus, d.h. der Preisänderung bis der Markt geräumt ist, stellt sich ein Gleichgewichtspreis P_0 ein, bei dem die angebotene und die nachgefragte Menge des Gutes identisch sind.[122] In diesem Punkt ist der Marktpreis gleich den Grenzkosten der Produktion der gewinnmaximierenden Produzenten.[123] Der Marktmechanismus kann anhand von Abbildung 1 folgendermaßen dargestellt werden: Ist der Preis des Gutes P_2, also unterhalb des Gleichgewichtspreises P_0, so übersteigt die Nachfrage das Angebot. Die Konsumenten sind zu diesem Preis bereit eine höhere Menge des Gutes zu kaufen, als die Produzenten bereit sind anzubieten. Die erhöhte Nachfrage lässt den Preis steigen, was dazu führt, dass die Produzenten bereit sind mehr Güter anzubieten, gleichzeitig jedoch die Nachfrage sinkt, bis der Gleichgewichtspreis P_0 erreicht ist.[124]

Eine gegenteilige Situation liegt vor, wenn der Preis oberhalb von P_0 bei P_1 liegt. Die Produzenten sind in diesem Fall bereit, eine größere Menge zu produzieren und zu verkaufen, als die Konsumenten bereit sind zu kaufen. Dieser Angebotsüberschuss führt zu einer Senkung des Preises. Damit verbunden sind eine Verringerung der Produktion und eine Ausweitung der Nachfrage. Auch dieser Effekt ist solange möglich, bis das Marktgleichgewicht erreicht ist. Dieses Gleichgewicht gilt als stabil, da Preise und Mengen ceteris paribus in den Gleichgewichtswerten verbleiben.[125] Die Verwendung der Theo-

[121] Mankiw und Taylor (2008), S. 74f, Pindyck und Rubinfeld (2009), S. 360ff., Schumann et al. (1999), S. 23.
[122] Mankiw und Taylor (2008), S. 88
[123] Mankiw und Taylor (2008), S. 343f, Pindyck und Rubinfeld (2009), S. 368ff.
[124] Pindyck und Rubinfeld (2009), S. 55
[125] Mankiw und Taylor (2008), S. 89ff.

rie des vollkommenen Wettbewerbes ist jedoch nur sinnvoll, solange kein Akteur über eine gewisse Form von Marktmacht verfügt. Dies ist bei der Bereitstellung von Wasser nicht der Fall. Dennoch stellt sie einen Referenzpunkt für die Wohlfahrtsanalyse anhand der Konsumenten und Produzentenrente dar.[126] Sowohl die Marktnachfragekurve als auch die Marktangebotskurve setzen sich aus den individuellen Kalkülen der Konsumenten bzw. Produzenten zusammen. Bei dem sich einstellenden Gleichgewichtspreis existieren Konsumenten, die bereit wären, einen höheren Preis für das Gut zu bezahlen. Der Wert des Gutes übersteigt für diese Konsumenten den Preis des Gutes. Dieser Unterschied zwischen Zahlungsbereitschaft und dem tatsächlichen Preis wird mit der Konsumentenrente ausgedrückt. Die Konsumentenrente ist dabei der „gesamte Vorteil oder Wert, den die Konsumenten über den von ihnen für das Gut gezahlten Betrag hinaus erzielen“ [127], und wird graphisch durch die Fläche zwischen Nachfragekurve und Marktpreis dargestellt (Abbildung 2). Die Produzentenrente ist in selbigem Maße der „Vorteil, den Produzenten mit niedrigen Kosten durch den Verkauf zum Marktpreis erzielen“[128] und berechnet sich aus der Fläche zwischen Angebotskurve und Gleichgewichtspreis.[129]

[126] Pindyck und Rubinfeld (2009), S. 55f
[127] Ebd., S. 409
[128] Ebd., S. 409
[129] Hyman (1989), S.169ff, 317ff, Pindyck und Rubinfeld (2009), S. 409f

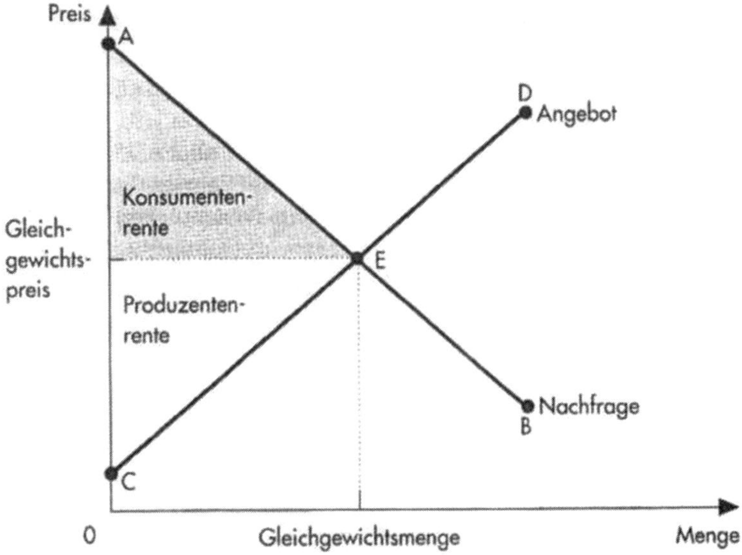

Abbildung 2: Konsumenten- und Produzentenrente[130]

Die Besonderheit des vollkommenen Wettbewerbsmarktes als Referenzpunkt zur Wohlfahrtsanalyse besteht darin, dass im Markgleichgewicht die Gesamtwohlfahrt, d.h. die Summe aus Konsumenten- und Produzentenrente in Höhe der Fläche AEC, maximal ist, was auch als ökonomische Effizienz bezeichnet wird.[131]

2.3.2.2. Wasserversorgung und natürliches Monopol

Die ökonomisch effiziente Allokation des vollkommenen Wettbewerbsmarktes basiert im Wesentlichen auf den drei Grundvoraussetzungen des Preisnehmerverhaltens, der Produkthomogenität und des freien Markteintritts und –austritts. Die grundsätzlichen Charakteristi-

[130] Mankiw und Taylor (2008), S. 174
[131] Pindyck und Rubinfeld (2009), S. 415

ken der Wasserversorgung unterscheiden sich jedoch wesentlich von den getroffenen Annahmen des vollkommenen Wettbewerbsmarktes. Allgemein ist die Wasserversorgung durch das Auftreten von lokalen natürlichen Monopolen,[132] welche sich nicht als Preisnehmer verhalten,[133] gekennzeichnet und fällt somit unter eine Form des Marktversagens. Ein natürliches Monopol ist durch einen hohen Fixkostenblock, geringe marginale Produktionskosten und Größenvorteile charakterisiert, d.h. die Durchschnittskosten fallen mit steigender Produktionsmenge.[134] Dabei können natürliche Monopole einen gesamten Markt zu niedrigeren Preisen bedienen, als dies mehrere Unternehmen könnten.[135]

Um die Nachfrage nach Wasser bedienen zu können, sind grundsätzlich hohe Investitionen für den Aufbau des Versorgungsnetzes zu tätigen. Die marginalen Kosten für die „Produktion" einer weiteren Einheit Wasser fallen ceteris paribus äußerst gering aus, wodurch sinkende Durchschnittskosten auftreten.[136] Der hohe Fixkostenblock begrenzt zusätzlich die Markteintrittsbarrieren, da im Falle eines nicht erfolgreichen Eintritts „sunk-costs" entstehen, welche nach dem Marktaustritt nicht für andere Gebräuche zurückgewonnen werden können.[137] Des Weiteren wird die Monopolmacht durch die geringe Preiselastizität der Marktnachfrage begründet. Als lebensnotwendiges Gut gibt es für Wasser keine Substitute und auch die Landwirtschaft

---

132 Cutler und Miller (2006), S. 154, Föllmi und Meister (2011), S. 2, Griffin (2006), S. 108ff., Hirshleifer et al. (1969), S. 5, Israel (1992), S. 8, Kahn (1971), S. 117, Mankiw und Taylor (2008), S. 353, SRU (2000), S. 147, Weltbank (1993), S. 83

133 Mankiw und Taylor (2008), S. 349

134 Griffin (2006), S. 111

135 Pindyck und Rubinfed (2009), S. 483

136 Kahn (1971), S. 119f, Weltbank (1993), S. 83

137 Graham und Marvin (2002), S. 147, Weltbank (1993), S. 83, Weltbank (1994), S. 22

sowie die Industrie sind auf Wasser in ihren Produktionsprozessen angewiesen.[138]

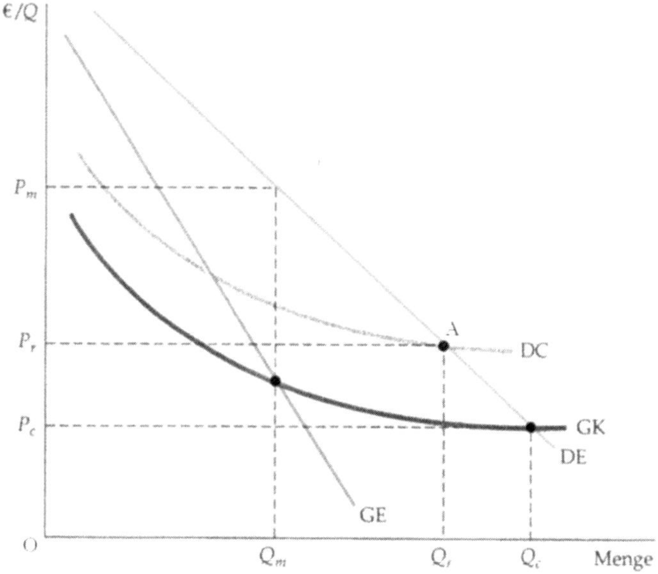

Abbildung 3: Natürliches Monopol[139]

Abbildung 3 verdeutlicht die Produktionsentscheidung eines Monopolisten. Dieser ist als einziger Anbieter auf dem Markt aktiv, weshalb der Preis P in direktem Zusammenhang mit der produzierten Gütermenge Q besteht und die Möglichkeit der Preisbeeinflussung gegeben ist. Die Entscheidungsmöglichkeiten sind jedoch durch das Nachfrageverhalten der Konsumenten (DE) eingeschränkt.[140] Die aus Sicht des Monopolisten gewinnmaximierende Produktionsmenge bildet sich

---

[138] Graham und Marvin (2002), S. 148, Haakh (2002), S. 10, Noll (2002), S. 55f, Weltbank (1993), S. 84, Zetland (2011), S. 15

[139] Verändert nach Pindyck und Rubinfeld (2009), S. 484

[140] Varian (2004), S. 428

aus dem Schnittpunkt von Grenzkostenkurve (GK) und Grenzerlöskurve (GE) und resultiert in der Gütermenge Q_m und dem Preis P_m. Dies lässt sich aus einem Vergleich verschiedener Allokationen herleiten. Eine Allokation mit der Gütermenge Q_r und Preis P_r führt zu Gesamtkosten des Unternehmens in Höhe von OQ_rAP_r. Der Gesamterlös, das Produkt aus Produktionsmenge und Preis, umfasst ebenso das Viereck OQ_rAP_r. Das Unternehmen würde in diesem Fall Nullgewinne machen. Eine höhere Produktionsmenge als Q_r impliziert einen Preis unterhalb der Durchschnittskostenkurve, weshalb die Gesamtkosten den Erlös übersteigen und es zu Verlusten kommt. Sinkt die Produktionsmenge unter Q_r kann der Gewinn gesteigert werden, da die Grenzkosten in geringerem Maße ansteigen als der Grenzerlös. Diese Gewinnsteigerung ist jedoch nur bis Q_m möglich. Liegt die Produktionsmenge unterhalb von Q_m, ist bei einer Produktionsausweitung der zusätzliche Erlös pro verkaufter Einheit größer als die zusätzlichen Kosten pro produzierter Einheit und der Gesamterlös kann gesteigert werden. Übersteigt die Menge Q_m, so ist bei einer Ausweitung der Produktionsmenge der zusätzliche Erlös geringer als die zusätzlichen Kosten und der Gewinn sinkt. Die optimale Produktionsmenge des gewinnmaximierenden, natürlichen Monopolisten liegt demnach in Punkt Q_m, in dem GE=GK gilt.

Abbildung 4 verdeutlicht die Wohlfahrtsauswirkungen einer Monopollösung (Q_mIP_m). Die ökonomisch effiziente Allokation aus dem vollkommenen Wettbewerbsmarkt ist durch den Preis P_c und die Produktionsmenge Q_c. gegeben.

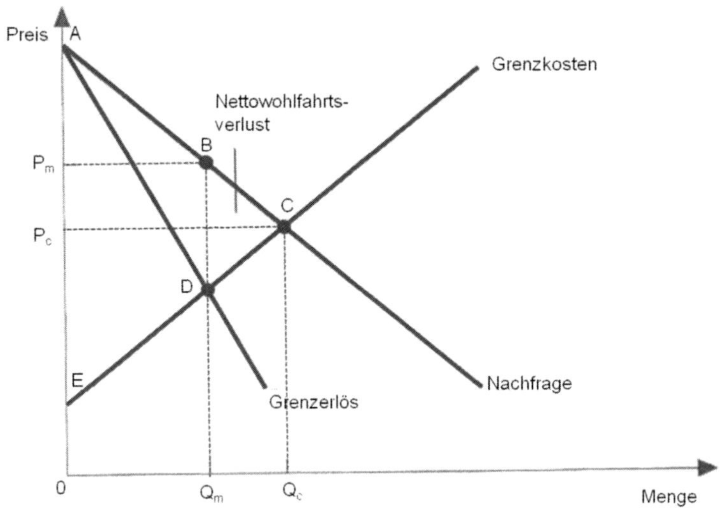

Abbildung 4: Wohlfahrtsverlust Monopol[141]

Ohne Regulierung wird die Konsumentenrente im Falle des natürlichen Monopols durch die Fläche ABP_m dargestellt; die Produzentenrente umfasst die Fläche P_mBDE. Die Gesamtwohlfahrt beläuft sich demnach auf ABDE. Die ökonomisch effiziente Allokation des vollkommenen Wettbewerbs ergibt eine Konsumentenrente von ACP_c, eine Produzentenrente in Höhe von P_cCE und somit eine Gesamtwohlfahrt in Höhe von ACE. Die Gesamtwohlfahrt ist im Falle des natürlichen Monopols um die Fläche BCD geringer als im vollkommenen Wettbewerb, was als Nettowohlfahrtsverlust aufgrund von Monopolmacht bezeichnet wird.[142]

Das Faktum des Auftretens natürlicher Monopole in der Wasserversorgung erschwert somit das Erreichen der aus volkswirtschaftlicher Sicht optimalen Allokation des vollkommenen Wettbewerbs

[141] Verändert nach Mankiw und Taylor (2008), S. 365
[142] Pindyck und Rubinfeld (2009), S. 479f

durch private Akteure.[143] Es sei darauf hingewiesen, dass sehr wohl weiterführende Möglichkeiten, insbesondere aus dem Bereich der Regulierungstheorie zu einer Verringerung des Wohlfahrtsverlustes führen können, diese jedoch nicht Gegenstand dieser Arbeit sind. Zudem verbleibt die Frage der Verteilungsgerechtigkeit unter Berücksichtigung der Wohlfahrtsanalyse unbeantwortet, da hierbei die Maximierung der gesamten Wohlfahrt im Vordergrund steht und Verteilungsaspekte ausschließlich zu einer Umverteilung der Konsumenten- oder Produzentenrente führen, die sich letztendlich nicht auf die Gesamtwohlfahrt auswirkt. Bezüglich der konkurrierenden Nutzer und Nutzungen des Wassers müsste ferner eine ressourcenökonomische Analyse durchgeführt werden, welche jedoch ebenso aus Gründen des Umfangs nicht behandelt wird.

2.3.3. Versorgung durch öffentliche Akteure

Die Entstehung der Theorie der Güter hat bereits aufgezeigt, dass Märkte aufgrund bestimmter Eigenschaften von Gütern versagen können und daher eine öffentliche Bereitstellung dieser Güter vorteilhaft sein kann. Aus diesem Grund wird im Folgenden auf die grundsätzliche staatliche Bereitstellung öffentlicher Güter eingegangen, woraufhin anschließend Gründe für ein staatliches Engagement im Bereich der Bereitstellung von Wasser aufgeführt werden.

2.3.3.1. Öffentliches Gut

Die effiziente Bereitstellung privater Güter wird anhand des Vergleichs zwischen den Grenzkosten der Produktion einer zusätzlichen

[143] Griffin (2006), S. 113

Einheit mit dem Grenznutzen dieser Einheit ermittelt. Der Unterschied zu öffentlichen Gütern besteht darin, dass bei privaten Gütern der Grenznutzen durch den Nutzen beschrieben ist, den ein Verbraucher aus einer zusätzlichen Einheit des Gutes bezieht. Da im Falle eines öffentlichen Gutes kein Ausschluss vom Konsum möglich ist, muss der Grenznutzen anhand der Ermittlung des zusätzlichen Wertes, den ein Konsument einer zusätzlichen Einheit beimisst, ermittelt werden. Der gesellschaftliche Grenznutzen ergibt sich daraufhin aus der Summe aller zusätzlichen Werte der Konsumenten. Das bedeutet, dass graphisch gesehen die individuellen Nachfragekurven D_1 und D_2 vertikal addiert werden müssen und nicht horizontal wie im Falle des privaten Gutes. Die effiziente Allokation befindet sich auch hier im Schnittpunkt von Grenzkosten- und Nachfragekurve D.[144]

[144] Pindyck und Rubinfeld (2009), S. 874f

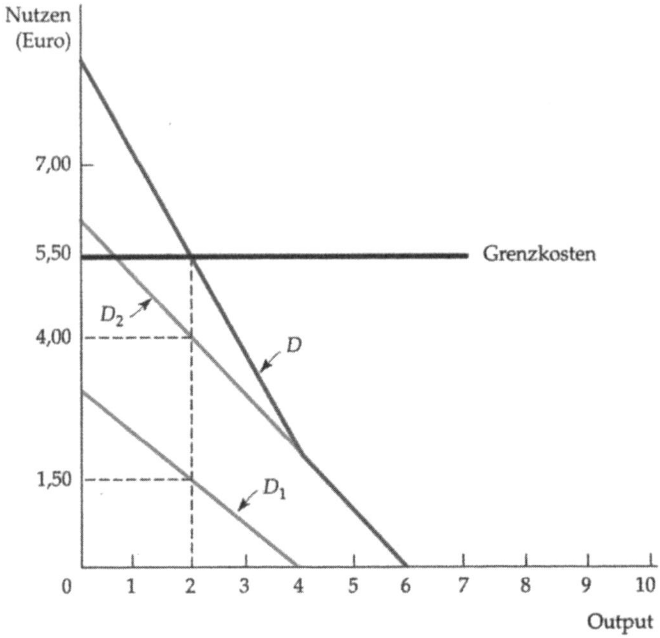

Abbildung 5: Öffentliches Gut[145]

Der Grund, weshalb diese Allokation nicht durch einen freien Markt realisiert werden kann, liegt in der Eigenschaft des Ausschlusses vom Konsum.[146] Wird ein öffentliches Gut zur Verfügung gestellt, profitieren zwangsläufig alle potentiellen Nutzer davon. Ein einzelnes Individuum hat demnach keinen Anreiz einen Preis für die Nutzung zu bezahlen, da andere Individuen auch ohne Bezahlung das Gut nutzen können. Dies wird als das Trittbrettfahrerproblem im Zusammenhang mit öffentlichen Gütern genannt.[147]

145 Pindyck und Rubinfeld (2009), S. 875
146 Mansfield (1988), S. 498
147 Hyman (1989), S. 673ff, Varian (2004), S. 666ff

Zur Bestimmung der effizienten Allokation muss der individuelle Mehrwert aus dem zusätzlichen Konsum einer Einheit *erfragt* werden. Verbraucher haben somit einen Anreiz, den zusätzlichen Wert zu gering anzugeben, um die Vorteile des öffentlichen Gutes zu erlangen, ohne dafür bezahlen zu müssen.[148] Aus diesem Grund bieten Märkte öffentliche Güter entweder gar nicht oder nur in einer zu geringen Menge an und die effiziente Allokation wird nicht erreicht.[149] Der Staat als Produzent eines öffentlichen Gutes hat demgegenüber die Möglichkeit Steuern oder Gebühren zur Begleichung der Kosten zu erheben. Das Auftreten des Trittbrettfahrerverhaltens und die Notwendigkeit der Abschätzung der effizienten Allokation auf Basis der Mehrwertschätzungen erschwert jedoch die Erreichung der effizienten Allokation.[150] Selbst die Möglichkeit einer Mehrheitswahl, in welcher Individuen über die zu bereitstellende Menge abstimmen, kann eine effiziente Allokation nicht garantieren. Daher ist zu vermuten, dass das Wohlfahrtsmaximum eines öffentlichen Gutes nicht in vollkommenem Maß zu realisieren ist, aus einer staatlichen Bereitstellung jedoch geringere Wohlfahrtsverluste als aus der privaten Bereitstellung resultieren.[151]

2.3.3.2. Wasserversorgung und staatliches Engagement

Neben der staatlichen Bereitstellung öffentlicher Güter begründet die ökonomische Theorie Staatseingriffe hauptsächlich anhand des Auftretens von Marktversagen, d.h. Bedingungen unter denen ein Markt zu einer nicht pareto-optimalen Allokation führt.[152] Formen von Marktmacht fallen dabei ebenso unter die Kategorie des Marktversa-

[148] Musgrave und Musgrave (1973), S. 53, Samuelson (1954), S. 388f
[149] Pindyck und Rubinfeld (2009), S. 794, 836
[150] Mankiw und Taylor (2008), S. 260f
[151] Pindyck und Rubinfeld (2009), S. 876ff
[152] Stiglitz (2000), S.77

gens wie externe Effekte. Das Auftreten dieser Marktunvollkommenheiten muss jedoch nicht notwendigerweise zu einer staatlichen Bereitstellung eines Gutes führen. Im Gegensatz zu Hobbes allmächtigem Leviathan[153] wird dem Herrscher mehr die Rolle des Ordnungshüters zugewiesen, der die Rahmenbedingungen des Wirtschaftens in Fällen des unvollkommenen Marktes lenken, jedoch nicht direkt als Akteur agieren soll.[154]

Die Analyse spezifischer Regulierungsinstrumente überschreitet an dieser Stelle jedoch den Rahmen dieser Arbeit. Dagegen wird kurz auf die Theorie der externen Effekte eingegangen, da diese erste Ansätze für die spätere Theorie der Allmende einführt. Ein externer Effekt, die Handlung eines Akteurs, welche die Handlung eines anderen beeinflusst, jedoch nicht im Marktpreis berücksichtigt wird,[155] kann sich sowohl positiv als auch negativ auswirken. Positive externe Effekte treten im Wassersektor z.B. durch die Verringerung von Krankheiten aufgrund eines Anschlusses an ein Wasserversorgungsnetz mit qualitativ hochwertigem Wasser auf. Negative externe Effekte liegen z.B. in der Wasserverschmutzung durch Landwirtschaft oder Industrie vor.[156] In Bezug auf Wasser, welches oftmals eine Ressource im Gemeineigentum darstellt, handelt jedes Individuum auf Grund des freien Zugriffes auf die Ressource nach seinem individuellen Nutzenmaximierungskalkül, was zu einer Übernutzung der Ressource und somit einer ökonomischen Ineffizienz führen kann.[157] Die ökonomische Lösung dieser Ineffizienz bezieht sich auf eine klare Verteilung der Eigentumsrechte, wodurch eine Nutzungsgebühr, die den gesellschaftlichen Grenzkosten des Ressourcenabbaus entspricht zu einer

[153] Herz (2008), S. 216
[154] Eucken und Böhm (1948), S. VIIff
[155] Pindyck und Rubinfeld (2009), S. 869, Stiglitz (2000), S. 80
[156] Bakker (2010), S. 86, Hassan (1998), S. 17, 45
[157] Pindyck und Rubinfeld (2009), S. 869
Näheres zur „Tragödie der Allmende“ in Kapitel 4.1.1.

effizienten Allokation führen kann. In der Realität ist die Verwaltung durch einen einzelnen Eigentümer aufgrund der Größe der meisten Ressourcen jedoch sehr schwer durchzuführen, weshalb eine staatliche Regulierung als sinnvoll angesehen wird.[158]

Das staatliche Eingreifen erscheint hinsichtlich der Bereitstellung des Infrastruktursystems als notwendig. Mit der nicht-konsumtiven Nutzung[159] und dem politisch nicht erwünschten Ausschluss liegen die Bedingungen des öffentlichen Gutes vor. Die Bereitstellung des Infrastruktursystems durch den privaten Sektor könnte daher theoretisch zu gering ausfallen. Infolgedessen lässt der öffentliche Gutcharakter des Leitungsnetzwerkes vor allem beim Auf- und Ausbau des Netzwerkes an eine Beteiligung des öffentlichen Sektors denken.[160]

Ein letztes an dieser Stelle aufzuführendes Argument ist mehr politischer Natur. Es wurde bereits aufgezeigt, dass staatlich bereitgestellte Güter nicht notwendigerweise die Charakteristika öffentlicher Güter aufweisen. Anhand dieser Argumentation kann auch die Wasserversorgung aufgrund der positiven externen Effekte als ein staatlich bereitzustellendes Gut angesehen werden.

Zusammenfassend lässt sich sagen, dass das Allmendegut Wasserversorgung abgesehen vom Aufbau des Leitungsnetzwerkes aus ökonomischer Sicht durch private Akteure bereitgestellt werden sollte. Die Zielvariablen der ökologischen Erhaltung, Effizienz und Gleichberechtigung entfallen dabei in unterschiedlichen Ausmaßen auf die beiden genannten Sektoren. Während ein ökonomisch effizienter Betrieb, welcher geringere Preise garantieren kann, in der ökonomischen Theorie vorwiegend durch Marktmechanismen zu erreichen ist, kommt dem Staat die Aufgabe der Rahmengesetzgebung zu, welche ökologische Belange durch die Sicherstellung der langfristigen Erhal-

[158] Pindyck und Rubinfeld (2009), S. 870
[159] Frischmann (2006), S. 942
[160] Weltbank (1993), S. 85, S. 89ff.

tung der Wasserressourcen und ökonomische Belange durch die Minimierung der Wohlfahrtsverluste infolge des natürlichen Monopols, berücksichtigt. Das soziale Ziel der Gleichberechtigung kann jedoch unter Verwendung der utilitaristischen Wohlfahrtsanalyse nicht beurteilt werden.

3. Trinkwasserbereitstellung im Wassersektor

Während der letzten zwei Jahrzehnte war eine der dominierenden Entwicklungen im globalen Wassersektor der Transfer von Produktion, Verteilung und Management von Wasser oder Wasserdienstleistungen vom öffentlichen in den privaten Sektor. Diesem Transfer liegt die grundsätzliche Frage zugrunde, ob Staat oder private Unternehmen für die Bereitstellung von Wasser aufkommen sollen.[161] Die Privatisierung von Wassersystemen ist kein neues Phänomen, da private Unternehmen, Investoren und andere Marktinstrumente seit langem weltweit in der Bereitstellung von Wasser tätig sind. Ein neuer Aspekt ist jedoch die politische Intensivierung in der Beteiligung privater Unternehmen und das gewachsene öffentliche Bewusstsein in Hinblick auf negative Entwicklungen im Umgang mit der lebenswichtigen Ressource Wasser.[162]

3.1. Definition Privatisierung

In der Debatte um die Privatisierung im Wassersektor kann zwischen zwei Definitionen unterschieden werden: einer eng, sowie einer weit gefassten Definition des Begriffs Privatisierung.[163] Die in der Realität kaum vorkommende enge Definition der Privatisierung umfasst aus-

---

[161] Bakker (2010), S. 2f, 78ff., Dobner (2010), S. 166f,
[162] Gleick et al. (2002), S. 21
[163] Ebd., S. 26

schließlich den privaten Besitz und Betrieb von Wasserinfrastruktur.[164] Privatisierung wird in diesem Fall unterschieden von „Privatsektorbeteiligung“ oder „Öffentlich-Privaten Partnerschaften“, die als Sammelbegriff für eine Vielzahl unterschiedlicher Vertragsformen fungieren, mittels derer private Unternehmen Infrastruktur im Auftrag von Regierungen aufbauen, managen, und/oder betreiben. Eine weite Definition von Privatisierung umfasst sowohl das private Eigentum an der Infrastruktur, als auch die weiteren Maßnahmen der Privatsektorbeteiligung. Obwohl diese Definition fluider ist, hat sie dennoch den Vorteil der Kontinuität zwischen verschiedenen Arten der Privatsektorbeteiligungen, welche alle den Austausch von staatlichen auf private Akteure, und die Anwendung von marktbasierten Normen, Werten und Praktiken in Management und Regulierung beinhalten.[165] Die weite Definition wird heute von führenden internationalen Organisationen wie Weltbank, der Weltgesundheitsorganisation und mehreren UN Abteilungen wie UN-Habitat oder UNICEF anerkannt.[166] Im Rahmen dieser Definitionen ist ein privater Akteur ein hinreichend großes, privates Unternehmen während Einzelpersonen oder nichtkommerzielle Nichtregierungsorganisationen bewusst ausgeschlossen werden. In der traditionellen Landwirtschaft findet z.B. bereits seit langer Zeit eine private Aneignung von Oberflächen- und Grundwasser statt, welche jedoch nicht nur im Interesse der jeweiligen Aneigner liegt, sondern auch im Allgemeininteresse im Sinne einer Grundversorgung mit Gütern.[167]

[164] Bakker (2010), S. XV, Gleick et al. (2002), S. 26, OECD (2000), S. 18
[165] Bakker (2010), S. XV, Gleick et al. (2002), S. 26ff., McDonald und Ruiters (2005), S. 14ff
[166] McDonald und Ruiters (2005), S. 14, Weltbank (1993), S. 109ff., Weltbank (1994), S. 8f, WHO und UNICEF (2000), S. 21
[167] Dobner (2010), S. 178

Für den folgenden Überblick über die Entwicklung der Trinkwasserversorgung und der Privatisierungsdebatte genügt die Verwendung der weiten Definition, da die Betrachtung unterschiedlicher Ausprägungen eine detailliertere Darstellung erforderlich machen würde.

3.2. Historische Entwicklung

Im 19. Jahrhundert wurde Wasser zu einem industriellen, von Menschen hergestellten Produkt, welches vorwiegend von privaten Akteuren bereitgestellt wurde.[168] In den Anfängen der Wasserversorgung standen die Wasserversorger einer Vielzahl von Problemen gegenüber. Diese umfassen z.B. eine geringe Zahlungsbereitschaft der monetär schlechter gestellten Bevölkerungsschichten, die geringe Profitabilität in Bezug auf investitionsintensive Ausweitungen des Versorgungsnetzes und damit verbundene Konkurrenzsituationen zu lokalen Brunnen oder Quellen.[169] Infolgedessen konnte der private Sektor im 19. Jahrhundert eine profitable Versorgung, mit relativ uniformen Standards von Wasserdruck und Qualität bei niedrigen Preisen, der gesamten und rasch anwachsenden Bevölkerung in Städten nicht gewährleisten. Zudem war das Engagement in ärmeren Stadtvierteln und außerhalb der Städte in Regionen mit geringer Bevölkerungsdichte aus Gründen der hohen Infrastrukturkosten äußerst begrenzt, während unregulierte Monopole vor allem in den wohlhabenderen Gebieten zu erhöhten Wasserpreisen führten.[170] Gegen Ende des 19. Jahrhunderts

[168] Bakker (2007), S. 186, Goubert (1989), S. 169, S.180f

[169] Bakker (2010), S. 86, Hassan (1998), S. 17, 45

[170] Dies resultierte daraus, dass meist nur wohlhabende Gebiete an ein Leitungsnetzwerk angeschlossen waren, während in monetär schlechter gestellten Gebieten die Versorgung über Brunnen, Flüsse, Wasserverkäufer usw. stattfand. Bakker (2010), S. 83; Cutler und Miller (2006), S. 153, Goubert (1989), S. 195 und 209, Gregg (1982), S.196f

bildeten sich erste Ansätze einer „öffentlichen Wasserversorgung" heraus, die vor allem mit den hygienischen und gesundheitlichen Missständen durch verschmutztes Wasser und dem Faktum, dass weite Teile der Bevölkerung in den anwachsenden Städten durch den privaten Sektor nicht an die Wasserversorgung angeschlossen wurden, in Zusammenhang standen.[171] Dieses „Marktversagen" aufgrund von Monopolstrukturen und externen Effekten führte insbesondere in den industrialisierten Teilen der Welt im 20. Jahrhundert zu einem Übergang der Wasserbereitstellung vom privaten hin zum öffentlichen Sektor in die Verantwortung der Regierungen oder Kommunen.[172] In den USA reduzierte sich der prozentuale Anteil der privaten Wasserversorgung von 94% zu Beginn des 19. Jahrhunderts[173] auf 30% in den Anfängen des 20. Jahrhunderts,[174] und hielt sich daraufhin mit 33% im Jahre 2002 ungefähr konstant.[175] Ausnahmen hierzu sind in Europa England und Frankreich. In beiden Ländern dominierte auch im 20. Jahrhundert weiterhin der private Sektor in der Bereitstellung von Trinkwasser. Während in England sowohl Besitz als auch Betrieb der Wasserinfrastruktur von kleinen Privatunternehmen unter staatlicher Regulierung durchgeführt wurde, war die Infrastruktur in Frankreich in der Hand der lokalen Regierungen; private Unternehmen konzentrierten sich auf das langfristige Management der Wasserversorgungssysteme.

Als Folge der Umstrukturierung kam es zu einem deutlichen Ausbau der Wasserversorgungsinfrastruktur.[176] Diese Expansion resultierte auch aus der wachsenden Bedeutung von Wasser in der landwirt-

[171] Bakker (2010), S. 83ff., Cutler und Miller (2006), S. 154, Hassan (1998), S. 20ff, Köhler (2008), S. 18f

[172] Goubert (1989), S. 186f, S.196

[173] Zitiert nach Waterman (1934) in Melosi (2000), S. 36

[174] Ebd., S. 120

[175] EPA (2002), S. 11

[176] Cutler und Miller (2006), S. 154

schaftlichen Entwicklung, der zunehmenden Industrialisierung und der Urbanisierung, wodurch Wasser zu einer wichtigen Ressource in der wirtschaftlichen Entwicklung wurde.[177] Innerhalb der Industrieländer unterschieden sich die Arten der Bereitstelllung weiterhin deutlich, waren jedoch oftmals durch einen hohen Grad an Staatsbeteiligung oder Staatsbesitz gekennzeichnet.[178] In den nichtindustrialisierten Staaten blieben Wasserversorgungsnetzwerke in ihren Ausmaßen beschränkt. Sofern großangelegte Ausweitungen des Netzwerkes getätigt wurden, befanden sich aber auch diese sowohl vom finanziellen her als auch im Management in öffentlicher Hand.[179]

Gegen Ende des 20. Jahrhunderts wuchs die Kritik am öffentlichen System der Wasserversorgung.[180] Drei Ursachen liegen dieser zugrunde: das Versagen externen Effekten wie z.B. Umweltverschmutzung zu begegnen, das Versagen im Aufbau einer die gesamte Bevölkerung umfassenden Wasserversorgung besonders in den Entwicklungsländern und das Versagen ausreichender Investitionen in die Infrastruktur.[181] Diese Staatsversagen wurden dem Marktversagen, welches dem privaten Sektor attestiert wurde, entgegen gestellt. Insbesondere in Entwicklungsländern sah sich die in öffentlicher Hand befindliche Wasserversorgung immensen Problemen gegenüber, wie z.B. sinkende öffentliche Mittel und unterdimensionierte Wassersysteme.[182]

[177] Goubert (1989), S. 183, Guy et al. (1999), S. 153f, Hassan (1998), S. 87f

[178] Bakker (2003), S. 20, Bakker (2010), S. 84f

[179] Bakker (2010), S. 85

[180] In der Internationalen Debatte werden Frankreich, England und Wales gerne als Musterbeispiel der Privatisierung genannt. Im Dezember 1989 privatisierten England und Wales ihre Wasserversorgung vollständig. Frankreich ist dagegen für sein Modell des „delegierten Managements" bekannt. OECD (2000), S. 14ff. Einen detaillierten Überblick über die Privatisierung in England und Wales liefert Bakker (2003).

[181] Bakker (2010), S. 87, weitere mögliche Gründe für eine Ausweitung des privaten Sektors besonders in Entwicklungs- und Schwellenländern in Estache et al. (2005), S. 1f

[182] OECD (2000), S. 18f, UN WWAP (2003a), S. 370f, Eine detaillierte Darstellung der Probleme in Asien liefert z.B. McIntosh (2003), S. 5f

Zwischen 1995 und 1999 privatisierten Regierungen weltweit im Durchschnitt 36 Wasserversorgungs- oder Abwasserbehandlungssysteme jährlich.[183] Bis zum Jahr 2000 hatten in 93 Ländern nationale und regionale Regierungen damit begonnen die Trinkwasser und Abwasserversorgung zu privatisieren.[184] Die frühen Formen der Privatisierung in England und Frankreich führten dazu, dass im Zuge der internationalen Privatisierungsdebatte und der Öffnung vieler Wassermärkte in bisher öffentlich geregelten Systemen, vor allem Unternehmen dieser beiden Länder die weltweite Marktführerschaft im Wassersektor innehaben.[185] Durch die ansteigende Privatisierung stieg in der Folgezeit auch das Investitionsvolumen privater Akteure im Wassersektor und erreichte 1997 seinen Höhepunkt, reduzierte sich in der Folgezeit jedoch wieder deutlich.[186] Nach Studien der Weltbank beliefen sich die privaten Investitionen im Wassersektor im Jahr 2003 auf ca. 10% des gesamten Investitionsvolumens, während öffentliche Träger den Großteil der Investitionen durchführten.[187] Im Zuge des Dezentralisierungstrends seit Beginn der 1990er bildeten sich zusätzlich zur Fokussierung auf private Unternehmen auch vermehrt Formen der Beteiligung lokaler Bevölkerungsgruppen in Fragen des Wassermanagements und der -bereitstellung insbesondere in Entwicklungsländern heraus.[188] Diese Organisationsform und deren theoretischen Grundlagen ist Gegenstand von Kap. 4, weshalb an dieser Stelle lediglich der Verweis darauf genügen soll. Insgesamt gesehen ist der Was-

[183] Zitiert nach Owen (2001) in WRI (2003), S. 29
[184] Brubaker (2001), S. 1
[185] Barlow (2001), S. 15f, Gleick et al. (2002), S. 24f
[186] Izaguirre (2005), S. 2
[187] Weltbank und IWF (2003), S. 5, Winpenny (2003), S. 6f
[188] Agrawal (2002), S. 71, Paavola und Adger (2005), S. 358

sersektor trotz der Privatisierungswelle in den 1990er Jahren auch heute noch größtenteils in öffentlicher Hand.[189]

3.3. Die Diskussion öffentlicher und privater Bereitstellung

Beide Sichtweisen in der Diskussion über die optimale Methode der Bereitstellung von Wasser werden meist durch grundlegende und schon im Vorfeld gefestigte, ideologische Grundpositionen dominiert.[190] Gewöhnlich treffen in dieser Debatte die unterschiedlichen Auffassungen über Staat-Markt Beziehungen und die „Ökonomisierung der Natur" zwischen der klassischen Form des Staatseingriffes und der neoklassischen Marktlösung aufeinander.[191] Beispiele gut funktionierender Wasserbewirtschaftungssysteme können weltweit jedoch sowohl im privaten als auch im öffentlichen Sektor gefunden werden.[192]

3.3.1. Private Bereitstellung

Die bereits erwähnten Gründe des Staatsversagens bilden die Grundlage der Argumentation der Privatisierungsbefürworter im Wassersektor. Am öffentlichen Sektor wird kritisiert, zu geringe Investitionen in das Leitungsnetzwerk zu tätigen, sowohl bei Reparaturen als auch

[189] Lobina und Hall (2008), S. 85f, 99, UN WWAP (2006), S. 48. Daten für die BRD sind in SRU (2002), S. 295 zu finden.
[190] Dobner (2010), S. 178, Estache et al. (2005), S. 1. Für eine genauere Darstellung der ideologischen Grundpositionen und der Entwicklung dieser siehe Dobner (2010), S. 177ff. (Kapitel 5).
[191] Bakker (2010), S. 81, Dobner (2010), S. 178
[192] Bakker (2010), S. 6

beim Ausbau des Netzwerkes. Damit verbunden sind eine nicht angemessene Versorgung der gesamten Bevölkerung und die Qualitätsreduktion des Netzwerkes. Die öffentlichen Ausgaben der Regierungen können durch eine Übernahme privater Akteure bei der Wasserversorgung entlastet werden und der Privatsektor Investitionskapital schneller und günstiger mobilisieren.[193] Da kommunale Wasserversorgungssysteme dem Wettbewerb des Kapitalmarktes nur in geringen Ausmaßen ausgesetzt sind und Investitionsentscheidungen nicht ausschließlich auf ökonomischen Kriterien beruhen, mangelt es dem öffentlichen Sektor an Anreizen im Sinne ausreichender Investitionen effizient zu handeln.[194] Zu dieser wird dem öffentlichen Sektor eine weitere Ineffizienz aus der Theorie der politischen Ökonomik zugeschrieben. Demnach tendieren öffentliche Entscheidungsträger zu ineffizientem Verhalten, indem politische Aspekte und ein gesichertes Arbeitsverhältnis dazu führen, dass oftmals nicht im Sinne des Unternehmens gehandelt wird, sondern eigene Interessen wie Machterhaltung, Bürokratieverhalten, Wahlen etc. entscheidende Einflussgrößen in Entscheidungsprozessen darstellen.[195] Die Leitung von Wasserwerken sollte somit durch privates Management effizienter gestaltet werden. Höhere Investitionen und eine effizientere Betriebsführung würden zu einem verbesserten Zugang besonders der monetär schlechter gestellten Bevölkerungsschichten führen.[196] Eine Folgeerscheinung der besseren Versorgung durch qualitativ hochwertiges Wasser sei dabei eine Reduktion der Gesundheitsgefährdungen.[197]

[193] Haarmeyer (1992), S. 11f
[194] Gleick et al. (2002), S. 22, Haarmeyer (1992), S. 1, 10, Neal et al. (1996), S. 1
[195] Willner (2001), S. 724
[196] Bakker (2010), S. 82;
Empirische Studien und Literatur, welche die Argumentation der Privatisierungsbefürworter stützen sind zu finden in Brubaker (2001), Clarke et al. (2009), Haarmeyer (1992), Neal et al. (1996).
[197] Weltbank (1993), S. 83

Ein weiteres Argument bezieht sich auf die Preisgestaltung im öffentlichen Wassersektor. Politisierte Entscheidungsfindungen im öffentlichen Sektor führen dazu, dass Preise oftmals lediglich die Kosten des Betriebs decken und dabei keine langfristigen Investitionsbedarfe berücksichtigen, also keine Vollkostendeckung stattfindet.[198] In diesem Zusammenhang beschreibt eine Studie von Neal et al., dass privat betriebene Wasserunternehmen, welche auch die langfristigen Kosten in ihr Preiskalkül einfließen lassen, trotz Steuerpflicht vergleichende Wasserleistungen zu identischen Preisen wie öffentliche Betreiber anbieten können.[199]

Der Problematik der natürlichen Monopolstruktur mit hohen Fixkosten und Größenvorteilen im Wasserversorgungsmarkt und damit verbundenen zu hohen Preisen aus Sicht der Gesamtwohlfahrt sollte z.B. mittels Regulierung durch eine Preisobergrenze, welche Anreize zur Kostensenkung setzt, Einhalt geboten werden.[200] Die übliche Selbstregulierung öffentlicher Monopole kreiere generell geringe Anreize für eine kosteneffektive Dienstleistungserbringung.[201] Aus diesem Grund sei es vorteilhaft, Regulierer und reguliertes Unternehmen zu trennen, um diese Ineffizienz zu verringern bzw. zu beseitigen.[202] Für die Verringerung von negativen externen Effekten, wie z.B. Umweltverschmutzungen, kann eine Privatisierung in Verbindung mit geeigneten Regulierungsmechanismen zu Anreizen führen, Innovationen in Vermeidungstechnologien zu fördern und somit die Umwelt zu entlasten.[203] Folglich wäre es aus Sicht der Privatisierungsbefürworter

[198] Brubaker (2001), S. 2, Franceys (2008), S. 51
[199] Neal et al. (1996), S. 1
[200] Bakker (2003), S. 1, Beecher et al. (1995), S. 19, Haarmeyer (1992), S. 18
[201] Estache et al. (2005), S. 2
[202] Neal et al. (1996), S. 2
[203] Weltbank (1994), S. 83

unethisch, den privaten Sektor nicht an der Bereitstellung von Wasser zu beteiligen.[204]

3.3.2. Öffentliche Bereitstellung

Neben sozialen und ethischen Kriterien setzt die Argumentation der Privatisierungskritiker unter ökonomischen Aspekten vor allem an den Punkten des Marktversagens des privaten Sektors an. Unter den ethischen und sozialen Punkten wird darauf verwiesen, dass Wasser als nichtsubstituierbare Ressource nicht „der unkontrollierten kommerziellen Vermarktung mit den damit verbundenen Risiken für Gesundheits- und Umweltschutz anheim fallen [dürfe].“[205] Dieser Meinung schließt sich der Weltwasserbericht 2003 der Vereinten Nationen an, indem er als Konsequenz aus den sozialen und ökologischen Funktionen des Wassers empfiehlt, die Verantwortung über die Bewirtschaftung bei Regierungen und Nutzern zu belassen.[206] Es wird befürchtet, dass private Unternehmen, die nach dem Gewinnmaximierungskalkül handeln, die Bereiche Umwelt- und Ressourcenschutz sowie Seuchenabwehr nicht in dem Maße beachten, wie dies öffentliche Unternehmen mit der Orientierung am Wohl der Allgemeinheit leisten.[207] Zudem führe die Orientierung an Gewinnmaximierung zu einem strategischen „Rosinenpicken“ der Wasserversorgung in bevorzugt städtischen, rentablen Gebieten, während strukturschwache und ländliche Gebiete nicht in die Versorgung mit einbezogen würden bzw. weiterhin in öffentlicher Hand verblieben.[208] Das in diesem Zusammenhang erwähnte Argument der Verbesserung der Anschlussrate durch den

[204] Bakker (2010), S. 2
[205] SRU (2002), S. 295, Siehe z.B. auch Shiva (2002), S. 15ff
[206] UN WWAP (2003b), S. 28
[207] Bakker (2010), S. 81, Barlow (2001), S. 17, SRU (2000), S. 30, 138
[208] Barlow (2001), S. 17f, Graham und Marvin (2002), S. 102f, Haakh (2002), S 12

privaten Sektor wird von Kritikern in Zweifel gezogen. Die Vorteilhaftigkeit des privaten Sektors bei der Erhöhung der Anschlussrate an die Wasserversorgung könne bisher selbst von Privatisierungsbefürwortern wie der Weltbank nicht empirisch belegt werden. Problematisch sei dabei auch der Datenmangel im Wassersektor, weshalb länderübergreifende Aussagen nur schwer zu treffen sind. Die Anschlussrate der Bevölkerung an eine Wasserversorgung steigt in den meisten Studien sowohl bei öffentlichen als auch bei privaten Akteuren in den betrachteten Gebieten, woraus die Vorteilhaftigkeit des privaten Sektors nicht bewiesen werden kann.[209] In Bezug auf Marktversagen ist ein besonderes Problem aus gesamtgesellschaftlicher Sicht das in Kap. 2 erwähnte natürliche Monopol. Potentielle Vorteile einer (Infrastruktur-) Privatisierung, welche laut Befürwortern mit Reformen zur Steigerung der Wettbewerbsfähigkeit einhergehen muss, sind im Wassermarkt nur schwer zu realisieren, weshalb mögliche positive Folgeerscheinungen der Privatisierung im Wassersektor äußerst gering ausfielen.[210] Eine weitere Folge des natürlichen Monopolcharakters der Wasserversorgung sind die, in der Regel damit verbundenen, steigenden Preise nach einer Privatisierung.[211] Erhöhte Preise führen wiederum dazu, dass sich vor allem monetär schlechter gestellte Bevölkerungsgruppen Wasser aus einem Leitungsnetzwerk nicht leisten können und somit von der Versorgung ausgeschlossen werden.[212] Die Effizienz privater Unternehmen im Sinne der Kosteneffektivität ist im Vergleich zu öffentlichen Unternehmen im Wassersektor aufgrund der Monopolstruktur nicht notwendigerweise gegeben.[213] Mehrere Studien belegen, dass es keine statistisch signifikanten Unterschiede im Hin-

[209] Clarke et al. (2009), S. 329ff.
[210] Clarke et al. (2009), S. 328, Israel (1992), S. 8, McIntosh (2003), S. 2
[211] Barlow (2001), S. 18, Clarke et al. (2009), S. 335
[212] CAWP (2005), S. 166, zitiert nach Schustermann et al. (2002) in Lobina und Hall (2008), S. 95
[213] SRU (2000), S. 30

blick auf effiziente Leistungsfähigkeit zwischen öffentlichen und privaten Unternehmen gibt.[214]

Der historische Überblick und die Argumente beider Positionen machen deutlich, dass sowohl die private als auch die öffentliche Bereitstellung nicht notwendigerweise erfolgreich sind. Viele Regierungen waren in den Bestrebungen eine ausreichende Wasserversorgung bereitzustellen nicht erfolgreich und auch private Unternehmen haben prinzipiell keinen höheren Erfolg.[215] Jüngere Ansätze haben aufgezeigt, dass die Bedeutung und der Einfluss lokaler Bevölkerungsgruppen vermehrt an Popularität gewinnen. Mit diesem Aspekt abseits der zwei traditionellen Gegensätze Staat oder Markt werden sich die folgenden Kapitel ausführlich beschäftigen. Dabei stehen die Fragen im Vordergrund, unter welchen Bedingungen es zu einer kollektiven Bereitstellung der Wasserversorgung kommen kann und inwiefern eine derartige Lösung auch langfristig tragfähig ist.

[214] Estache et al. (2005), S. 11f, Willner (2001) enthält zudem eine Übersicht über verschiedene Studien S. 739.
[215] Bakker (2010), S. 215

4. Jenseits von Staat und Markt[216]

Seit den einflussreichen Artikeln von Scott Gordon[217] und Anthony Scott[218] Mitte des 20. Jahrhunderts, die die Divergenz individueller und kollektiver Rationalität am Beispiel frei zugänglicher Fischgründe analysierten, entwickelte sich eine kontroverse Diskussion über die zugrunde liegenden Annahmen und der daraus resultierenden Schlussfolgerungen des vollkommenen Privatbesitzes oder staatlicher Kontrolle, um der Übernutzung der Ressourcen entgegen zu wirken.[219] Für eine ergebnisoffene Forschung über die Bewirtschaftung natürlicher Ressourcen ist es jedoch unabdingbar, nicht von vornherein lediglich eine staatliche oder eine reine Marktlösung als universelle Lösungsstrategie zu betrachten. Die daraus resultierende moderne Theorie der Allmende, welche die Potenziale der Kooperation einzelner Individuen in den Mittelpunkt stellt, kann dabei als ein relevantes Konzept angesehen werden.[220] Allmenden sind sowohl natürliche, als auch von Menschen hergestellte Systeme, wie z.B. Grundwasservorkommen, Bewässerungssysteme, Wälder und Weideland, oder auch das Internet.

---

[216] Die Überschrift des vierten Kapitel ist als Hommage an den großen Einfluss von Elinor Ostrom auf die moderne Theorie der Allmende anzusehen und entspricht daher dem Titel der deutschen Ausgabe Ihrer wegweisenden Arbeit „*Governing the Commons: The evolution of institutions of collective action" aus dem Jahr 1990.*

[217] Gordon (1954)

[218] Scott (1955)

[219] Feeny et al. (1996), S. 187f

[220] Dobner (2010), S. 200

Daraus subtrahierbare Ressourceneinheiten sind: Wasser, Holz, Futter, Fische, oder Dateneinheiten.[221]

Da diese Arbeit sich mit der Frage der Wasserbereitstellung beschäftigt, wird ausdrücklich lediglich die Thematik lokaler Allmenden behandelt; globale Allmenden werden nicht berücksichtigt.[222] Einer kurzen Darstellung der traditionellen Theorien kollektiven Handelns und deren Kritik schließt sich die moderne Theorie der Allmende insbesondere anhand Elinor Ostroms „Governing the Commons: The evolution of institutions of collective action" an.[223] Beginnend mit den theoretischen Grundlagen und dem Zusammenspiel zwischen Bereitstellern der Ressource und den Nutzern einzelner Ressourceneinheiten, ist die institutionelle Analyse, mittels derer Faktoren der Entstehung und der langfristigen Erhaltung von Selbstverwaltungssystemen identifiziert werden, ein weiterer Schwerpunkt dieses Kapitels.

4.1. Das theoretische Problem der Kooperation

Die traditionelle Theorie der Allmende geht im Allgemeinen von der Unfähigkeit des Individuums aus, kollektive Entscheidungsprobleme zu lösen. Diese Problematik wird im Folgenden anhand der drei grundlegenden Modelle kollektiven Handelns, der „Tragödie der Allmende", dem „Gefangenendilemma" und der „Logik des kollektiven Handelns", welche oftmals als Fundierung von Staats- und Marktlösungen herangezogen werden, verdeutlicht. Die seit den 1980er Jahren auf Basis der Ergebnisse empirischer Feldstudien und Laborexperimenten zunehmend kritische Betrachtung der Modelle soll anschlie-

[221] Ostrom (2000b), S. 30, Poteete et al. (2009), S. 52

[222] Eine Einführung in die Thematik der globalen Allmenden ist z.B. in Buck (1998) zu finden.

[223] Ostrom (1990)

ßend als Reflexionshintergrund der modernen Theorie der Allmende dienen.[224]

4.1.1. Tragödie der Allmende

Die von Garrett Hardin geprägte Bezeichnung der „Tragödie der Allmende“[225] lässt sich anhand folgender Situation veranschaulichen: Die Ausgangsituation besteht aus einem für alle offen zugänglichem Weideland, auf welches rationale und gewinnmaximierende Hirten ihr Vieh entsenden. Sofern das Land groß genug ist, entstehen keine Konfliktpunkte. Problematisch wird die Situation jedoch sobald das Weideland begrenzt ist. Bei der Entscheidung über die Entsendung eines zusätzlichen Tieres auf die Weide ist jeder Hirte jeweils einer positiven und negativen Auswirkung auf seinen Nutzen ausgesetzt. Falls der Ertrag eines zusätzlichen Tieres vollkommen dem besitzenden Hirten zusteht, so entsteht für ihn ein positiver Nutzen. Durch ein zusätzliches Weidetier steigt jedoch gleichfalls die Gefahr der Übernutzung des Weidelandes. Der Effekt der Überweidung wirkt sich im Gegensatz des zusätzlichen Nutzens der individuellen Herdenvergrößerung auf alle Hirten aus. Folglich ist der negative Nutzen aus der Entsendung eines zusätzlichen Tieres für einen einzelnen Hirten geringer als der daraus resultierende positive Nutzen. Die rationale Entscheidung jedes Hirten ist demnach die Erweiterung seiner Herde. Da jeder Hirte seine Herde ohne Begrenzung ausweiten will und wird, und das Weideland begrenzt ist, führt dieses Entscheidungskalkül zur Übernutzung und Zerstörung der frei zugänglichen Ressource. Diese Tragödie ist keineswegs lediglich auf das Problem der Überweidung zu beschränken. Weitere Beispiele nach Hardin umfassen die Meeresfischerei, frei

[224] Ostrom (1990), S. 2, Wade (1994), S: 208
[225] Hardin (1968)

zugängliche Nationalparks oder auch die Wasserverschmutzung. Das generelle Problem, welches zu Übernutzung natürlicher Ressourcen führt, ist dabei das exponentielle Bevölkerungswachstum, für welches Hardin das Beispiel der Überweidung als Metapher benutzt.[226]

4.1.2. Gefangenendilemma

Die „Tragödie der Allmende" wird oftmals auch als ein „Gefangenendilemma"-Spiel betrachtet.[227] Die grundsätzliche Entscheidungssituation des „Gefangenendilemmas" besteht aus zwei in Einzelhaft sitzenden Verdächtigen, die getrennt befragt werden und je nach Aussage mit unterschiedlichen Inhaftierungszeiten rechnen müssen.[228] Die implizit in dem Spiel enthaltenen Regeln beinhalten die gleichzeitige Wahl der Strategie ohne Kenntnis der Strategiewahl des anderen Spielers sowie die Abwesenheit von Kommunikation unter den Akteuren und damit die Elimination einer eventuellen Koordinierung der individuellen Strategien.[229] Das Gefangendilemma stellt ein einperiodisches, nicht-kooperatives Spiel dar, in welchem alle Teilnehmer über vollständige Information verfügen, d.h. die Kenntnis der kompletten Struktur und Auszahlungsmatrix des Spiels.[230] Die Haftdauer ist dabei von der Vorlage eines Geständnisses abhängig und in Tabelle 2 dargestellt.

[226] Hardin (1968), S. 1244f
[227] Zitiert nach Dawes (1973) in Dawes (1975), S. 97ff., Godwin und Shepard (1979), S. 267
[228] Luce und Raiffa (1967), S.95
[229] Holler und Illing (2009), S. 3
[230] Ostrom (1990), S. 4, siehe z.B. Tucker (1955), S. 27ff für eine frühere Beschreibung des „Gefangenendilemma"-Spiels.

Spieler 2 / Spieler 1	Nicht Gestehen	Gestehen
Nicht Gestehen	Spieler 1: 1 Jahr Spieler 2: 1 Jahr	Spieler 1: 10 Jahre Spieler 2: 3 Monate
Gestehen	Spieler 1: 3 Monate Spieler 2: 10 Jahre	Spieler 1: 8 Jahre Spieler 2: 8 Jahre

Tabelle 2: Gefangenendilemma[231]

Ein Nichtgeständnis beider Spieler, führt zur summativen Haftdauer von 2 Jahren. Dieses Ergebnis entspricht der minimalen Gesamthaftdauer. Gestehen beide Spieler ergibt sich eine Summe von 16 Jahren Haft. Aus der Struktur des Spiels ergeben sich implikationslogisch folgende dominante Strategien der einzelnen Beteiligten: Angenommen Spieler 2 gesteht nicht, so ist es für Spieler 1 vorteilhaft zu gestehen, da er anstatt 1 Jahr nur 3 Monate inhaftiert wird. Gesteht Spieler 2, so ist es für Spieler 1 ebenfalls vorteilhaft zu gestehen, da er nur 8 anstatt 10 Jahre inhaftiert wird. Diese Logik kann ebenso auf Spieler 2 angewendet werden. Unabhängig von der Wahl des anderen hat ein rationaler Spieler in diesem Fall eine strikt dominante Strategie.

Diese „Gefangenendilemmasituation" kann auf obiges Beispiel der Hirten und des Weidelandes übertragen werden.[232] Angenommen, das Weideland kann höchstens L Tiere ausreichend ernähren. Die „Kooperationsstrategie" könnte demnach eine Bewirtschaftung der Weide mit L/2 Tieren je Hirte bezeichnen (der Einfachheit wird dieses Spiel lediglich als ein 2 Personen Spiel betrachtet). Die „Konfrontationsstrategie", bei der jeder Hirte nach seinem individuellen Maximierungskalkül möglichst viele Tiere auf die Weide schickt, beläuft sich dem-

[231] Luce und Raiffa (1967), S. 95
[232] Dawes (1975), S. 97ff.

nach auf eine Herde von mehr als L/2 Tieren. Der kumulierte Gewinn ist im Falle der Kooperationsstrategie maximal, während er im Falle der Konfrontationsstrategie minimal ist. Erhöht ein Hirte ausgehend von dem Kooperationsergebnis seine Herdengröße, so steigt sein eigener Gewinn an, während der Gewinn des anderen Hirten mit einer Herdengröße in Höhe von L/2 Tieren sinkt. Dies entspricht genau der Dilemmasituation der Gefangenen, weshalb das Beispiel der Überweidung auch als „Hardin herder game" bezeichnet wird.[233] Generell haben jedoch nicht alle Allmendeprobleme die Struktur eines „Gefangenendilemmas".[234]

4.1.3. Logik des kollektiven Handelns

Ein ähnliches Modell, das auf die Problematik der Erreichung der Gesamtwohlfahrt anstelle der individuellen Wohlfahrt einzelner Akteure eingeht, stammt von Mancur Olson und wird als „Logik des kollektiven Handelns" bezeichnet.[235] Olson ficht dabei vor allem den großen Optimismus von z.B. David Truman an, welcher der Auffassung ist, dass Individuen in einer Gruppe freiwillig und in gleichem Maße auf das Gemeininteresse hinwirken, wie dies im Falle von individuellen Interessen vorliegt.[236] Olson vertritt die Ansicht, dass ohne

> „Zwang oder irgendein anderes spezielles Mittel [...] rationale, im Eigeninteresse handelnde Individuen [...] nicht so

[233] Ostrom (1990), 3f
[234] Godwin und Shepard (1979), S. 272f, Kimber (1981), S. 182ff
[235] Olson (1968), die Originalausgabe unter dem Titel „The Logic of Collective Action" datiert aus dem Jahr 1965.
[236] Olson (1968), S. 1, Truman (1951), S. 18ff

> handeln, dass ihr gemeinsames oder Gruppeninteresse verwirklicht wird"[237].

Olson's Argumentation basiert vorwiegend auf den Problemen des Trittbrettfahrerverhaltens, bei welchem Akteure, die keinen Beitrag zur Produktion eines Gutes oder zur Entstehung eines Zustandes leisten, nicht von den Erträgen dieser Maßnahmen ausgeschlossen werden können und somit kein individueller Anreiz besteht, sich an den Maßnahmen zu beteiligen.[238]

Die „Tragödie der Allmende", das „Gefangenendilemma" und die „Logik des kollektiven Handelns" sind eng verwandte Konzepte, welche die Konflikte zwischen individuellen und kollektiven Interessen aufzeigen. Das gemeinsame Ergebnis der drei Theorien beläuft sich auf die individuelle Nutzenmaximierung zu Lasten des Nutzens der Allgemeinheit. Auf Grund der Annahme rationaler Individuen zeigen sie auf, wie ein rein rationales Individuum unter gewissen Umständen ein Ergebnis produziert, das aus der Perspektive aller Involvierten nicht „rational", im Sinne von nicht optimal, für die Allgemeinheit ist. Diesem Ergebnis liegt mehr oder weniger bei allen drei Theorien das Trittbrettfahrerverhalten zugrunde. In jedem Zustand, in welchem eine Person vom Nutzen, den sich andere Personen verschaffen nicht ausgeschlossen werden kann, hat jeder einzelne den Anreiz sich nach seinem individuellen Nutzenmaximierungskalküls zu verhalten. Selbst wenn nur einige ein Trittbrettfahrerverhalten zu Tage legen und andere sich um die Erreichung des kollektiv optimalen Ergebnisses bemühen, wird dieses Resultat in der Regel nicht erreicht.[239]

Das individuelle Versagen aus gesamtgesellschaftlicher Sicht hat dazu geführt, dass eben diese Theorien oftmals als Begründung zur

---

[237] Olson (1968), S. 2
[238] Ostrom (1990), S. 6
[239] Dobner (2010), S. 197f, Ostrom (1990), S. 6

Hinzuziehung weiterer Akteure zur Lösung kollektiver Probleme verwendet werden. Staat oder Markt werden meist als diese weiteren Akteure gesehen, welchen die Kompetenz zur Lösung der Konflikte zugesprochen wird; einzelne Individuen bleiben außen vor.[240]

4.1.4. Kritik der Theorie

Die grundlegenden Theorien für das Versagen kollektiver Entscheidungen sehen sich seit den 1980er und 1990er Jahren einer erhöhten Kritik ausgesetzt.[241] Diese beruht vor allem auf den zugrunde liegenden Annahmen und Regeln. Sowohl die „Tragödie der Allmende“ als auch die „Logik des kollektiven Handelns“ können als Varianten des „Gefangenendilemmas“ angesehen werden.[242] Demnach beschreiben alle drei Theorien Spiele, bei denen die individuellen Entscheidungen der einzelnen Akteure zu einem aus sozialer Sicht suboptimalen Ergebnis führen. Die Regeln und Voraussetzungen beeinflussen dabei direkt und indirekt die Struktur der Spiele. Regeln, welche neue Strategien schaffen bzw. Strategien unmöglich machen, haben einen Einfluss auf die Strategiemenge und den Entscheidungsbaum und somit potenziellen Einfluss auf das Ergebnis des Spiels.[243] Hieran schließt sich unmittelbar die Frage an, welche Regeln und Annahmen von Kritikern infrage gestellt werden. Die soeben skizzierten Theorien gehen allesamt von der Annahme aus, dass das rationale Selbstinteresse der Akteure die alleinige Handlungsmotivation darstellt, und dass soziale Mechanismen, wie z.B. Kommunikation, Vertrauen und die

[240] Ostrom (1998b), S. 425, RSAS (2009), S. 9f, Sugden (1986), S. 3
Beispielhaft hierfür ist z.B. die Diskussion über die Privatisierung von Wasser; siehe Kapitel 3.
[241] Dobner (2010), S. 197
[242] Wade (1994), S. 204f
[243] Gardner und Ostrom (1991), S. 125

Möglichkeit bindender Absprachen, die das Selbstinteresse einschränken können, fehlerhaft oder ineffizient sind.[244] So klafft nach Douglass North zwischen den Annahmen über das Verhalten von Ökonomien und dem tatsächlichen Verhalten eine erhebliche Lücke, weshalb menschliche Koordination und Kooperation nur unzureichend von der ökonomischen Theorie erklärt werden könne.[245] Das auf Vilfredo Pareto's „homo oeconomicus"[246] basierende Modell des rational handelnden Akteurs dominiert die ökonomischen Theorien, ist deshalb aber kein unumstrittenes Modell. Das Verhalten des vollkommen rationalen Individuums, dient zwar sehr gut zur Vorhersage der Ergebnisse von Auktionen und Wettbewerbsmärkten, ist im Falle von kollektivem Handeln jedoch mit Problemen behaftet.[247] Die Ergebnisse obiger Theorien basieren darauf, dass alle Spieler vollkommen rational, nur an ihren eigenen monetären Vorteilen interessiert sind, die Struktur des Spiels vollständig kennen und es keinen externen Akteur gibt, der Vereinbarungen zwischen den Spielern durchsetzen kann. Die Ansichten von Kritikern des vollkommen rationalen Individuums gehen davon aus, dass Menschen bei Entscheidungen und Handlungen die Interessen einer Gruppe mit in Betracht ziehen. Bestärkt werden diese Ansichten durch experimentelle Studien, welche die restriktiven Annahmen obiger Theorien kollektiven Handelns lockern und dadurch zu optimistischeren Ergebnissen in Hinblick auf das Verhalten von Individuen kommen.[248] Aus diesem Grund argumentieren Andrew Vayda und Roy Rappaport, dass die „Tragödie der Allmende" mit Hilfe von Mechanismen, die Individuen zu einem

[244] Dietz et al. (2002), S. 5
[245] North (1990), S. 11
[246] Wagener (2009), S. 30ff
[247] Ostrom (1998a), S. 2, Ostrom (2000a), S. 139
[248] Ostrom (2000a), S. 139ff

Handeln im Sinne einer Gruppe anstatt dem Eigeninteresse bewegen, abgewendet werden könne.[249]

Sowohl das „Gefangenendilemma" als auch die „Logik des kollektiven Handelns" basiert auf einem statischen, einperiodigen Spiel. Jeder Spieler entscheidet einmalig, bevor es zum Ergebnis des Spiels kommt und kann deshalb seine Entscheidung in einer weiteren Periode nicht revidieren. Aspekte wie Kommunikation, Beziehungen zwischen den Spielern und auch Erwartungen über zukünftige Entwicklungen spielen dabei keine Rolle. Kollektive Entscheidungen sind jedoch meist mehrfach wiederholte Spiele. Durch die Anzahl der Wiederholungen eines Spiels kann sich die optimale Strategie der Akteure verändern. So muss in einem iterierten Spiel die „Nichtkooperation" keine dominante Strategie darstellen. Die beste Strategie eines Akteurs hängt in einem mehrfach wiederholten Spiel von der Strategie des anderen Spielers ab.[250] Sofern bekannt ist, dass ein Spiel über mehrere Perioden hinweg besteht, sind die Möglichkeiten von Kooperation, in der Hoffnung, dass andere Spieler dieser Strategie folgen, höher als in einem einperioden Spiel.[251]

In Bezug auf Olson's Modell des kollektiven Handelns bezieht sich weitere Kritik explizit auf die Problematik von Allmenderessourcen. Während Olson's Theorie das Verhalten von Individuen bei der Bereitstellung von öffentlicher Gütern analysiert, sind Allmenden durch Rivalität im Konsum gekennzeichnet, da der Konsum einer Gutseinheit die Verfügbarkeit dieser Einheit für andere Personen ausschließt. Folglich kann Olson's Theorie nicht direkt auf Allmenden angewendet werden kann.[252] Hinsichtlich des „Gefangenendilemmas" wird argumentiert, dass bezüglich der Spielstruktur alternative Spiel-

[249] Vayda und Rappaport (1968), S. 492
Weitere Kritik an der „Tragödie der Allmende" in Dasgupta (1982), S. 13ff.
[250] Axelrod (1995), S. 13, North (1990), S. 13
[251] Wade (1994), S. 202
[252] Dietz et al. (2002), S. 4f

formen wie das „Assurance Game“ oder das „Chicken-Game“ zumindest einige Allmendesituationen adäquater beschreiben können.[253] Im Gegensatz zum „Gefangenendilemma“ existieren in letzteren Spielen mehrfache Gleichgewichte. Infolgedessen besitzt kein Spieler eine strikt dominante Strategie und beide Beteiligten können von einer Kooperationsstrategie profitieren.[254]

Weitere Kritik an den Theorien der kollektiven Entscheidung kommt insbesondere aus dem Umfeld des „Neuen Institutionalismus“,[255] welcher unter anderem die Beziehungen zwischen Institutionen und dem Verhalten von Akteuren untersucht.[256] Nach Ansicht von Hall und Taylor ist die Abwesenheit von institutionellen Rahmenbedingungen, die komplementäres Verhalten der Akteure sichern, in oben genannten Theorien dafür verantwortlich, dass kollektive Entscheidungen aufgrund der individuellen Interessen zu keinem sozial optimalen Resultat führen. Institutionen strukturieren die Interaktionen bei Entscheidungen, indem sie Strategien beeinflussen oder Informationen und Durchsetzungsmechanismen bereitstellen. Hierdurch verringert sich die Unsicherheit über das Verhalten der Akteure und für die Gesamtheit der Akteure besteht die Möglichkeit, potentiell bessere soziale Ergebnisse zu erzielen.[257] Eine Ausweitung der individuellen Handlungsstrategien um die Fähigkeit der Regelbeeinflus-

[253] Taylor (1987), S. 34ff
Eine detaillierte Analyse zu verschiedenen Spielsituationen ist in Ostrom et al. (1994), S. 51ff. zu finden.

[254] Dietz et al. (2002), S. 12

[255] Hall und Taylor (1996) differenzieren diesen Begriff in drei Bereiche: Historischer Institutionalismus, Institutionalismus der rationalen Entscheidungen und soziologischer Institutionalismus.
Zur Definition von Institutionen und deren Bedeutung bei der Betrachtung von Allmenden siehe Kapitel 4.2.2.

[256] Hall und Taylor (1996), S. 936f, Williamson (2008), S. xxiv

[257] Hall und Taylor (1996), S. 945

sung und –veränderung könnte zusätzlich die Tendenz hin zu einem sozial optimalen Resultat verbessern.[258]

Ohne die Bedeutung der Theorien der kollektiven Entscheidung für die wissenschaftliche Entwicklung des kollektiven Handelns außer Acht zu lassen, kritisiert Elinor Ostrom daher die äußerst restriktiven Bedingungen unter denen die Ergebnisse zustande kommen.[259] Diese Resultate sind ausschließlich robust, wenn die vielen, unabhängig agierenden Akteure geringes gegenseitiges Vertrauen, keine Möglichkeit zur Kommunikation oder zu bindenden Vereinbarungen haben, und keine Überwachungs- und Durchsetzungsmechanismen eingeführt werden können. Da jedoch in der Realität nicht alle Nutzer einer natürlicher Ressourcen außer Stande sind ihre Handlungsgrenzen zu verändern, stellt sich die Frage, wie Akteure angehalten werden können, die individuellen Barrieren zu überwinden, um gesamtgesellschaftlich erwünschte Ergebnisse zu erzielen und nicht in einer „Tragödie“ oder einem „Dilemma“ zu verweilen.[260] Des Weiteren zeigen empirische Studien eine Vielfalt von unterschiedlichen institutionellen Arrangements bei der Bewirtschaftung von Allmenden, welche sich nicht lediglich auf staatliche oder Marktlösungen begrenzen. Zusätzlich sind öffentliche und private Institutionen in Feldszenarien oft miteinander vernetzt und können nicht separat betrachtet werden.[261] Folglich wäre eine Analyse unvollständig, die sich lediglich mit der dichotomischen Staats- und Marktlösung befasst, und würde die Menge an Entscheidungsvariablen eingrenzen.[262] Zuletzt belegt eine Studie von Sneath über Weidelanddegradation in China, der Mongolei und

[258] Wade (1994), S. 202f
[259] Siehe z.B. auch Gintis (2000), Schlager (2002),
[260] Ostrom (1990), S. 2ff., S.18ff., Ostrom et al. (1994), S. 5
[261] Ostrom (1990), S. 14f
Für eine Darstellung verschiedener Bewirtschaftungsformen im Wassersektor, siehe z.B. Brennan et al. (2004).
[262] Dobner (2010), S. 197f

Südsibirien, dass staatliche oder private Lösungen nicht unbedingt einer gemeinschaftlichen Lösung vorzuziehen sind.[263] Dies impliziert zwar keine generelle Überlegenheit gemeinschaftlicher Lösungen, verdeutlicht jedoch, dass eine Ausweitung der möglichen Bewirtschaftungsformen für Entscheidungen über die optimale Form unerlässlich ist.[264] Auf Grund der soeben erwähnten Kritik ist es offensichtlich, dass die traditionellen Theorien kollektiven Handelns für die Betrachtung von Allmenden nur begrenzt hilfreich sind.[265] In diesem Zusammenhang hat allen voran Elinor Ostrom die Fokussierung auf staatliche oder private Lösungen bei der Lösung der Allmendeproblematik in Frage gestellt.[266]

4.2. Theorie der Selbstverwaltung der Allmende

Die Kritik der traditionellen Theorien des kollektiven Handelns in Verbindung mit empirischen Feldstudien über Allmenden haben aufgezeigt, dass Analysen sozialer Dilemmas mittels der traditionellen Annahmen des vollkommen rationalen Individuums das Potenzial von Individuen und Gruppen zur Lösung von Problemen wie Ressourcenübernutzung und mangelhafte Bereitstellung lokaler öffentlicher Güter nicht ausreichend berücksichtigen.[267] Die hieraus entstandene moderne Theorie der Allmende versucht anhand institutioneller Analysen die Interaktionen zwischen einzelnen Individuen oder auch zwischen Gruppen zu beschreiben.

[263] Sneath (1998)
[264] Dobner (2010), S. 198
[265] Nutzinger (2010), S 10
[266] Dobner (2010), S. 197f
[267] Gintis (2000), Ostrom (2010), S. 648, Schlager (2002)

4.2.1. Ressourcensystem und Ressourceneinheit

Eine wichtige Voraussetzung ist die Unterscheidung zwischen Ressourcensystem und der Entnahme von Ressourceneinheiten.[268] In der Wasserversorgung beschreiben die Wasserressource und das Leitungsnetzwerk zusammen genommen das Ressourcensystem, während die Ressourceneinheiten das konsumierte Wasser darstellen. Die Analyse der Bewirtschaftung einer Allmende lässt sich folglich in zwei Bereiche unterteilen, die nach Ostrom als *Bereitstellung* (provision) und *Aneignung* (appropriation) bezeichnet werden. Innerhalb der Bereitstellung wird weiterhin unterschieden zwischen *Bereitsteller* (provider), welche die Bereitstellung organisieren und *Produzenten* (producer), welche die langfristige Unterhaltung des Ressourcensystems gewährleisten sollen, indem sie tatsächlich konstruieren, reparieren oder sonstige notwendige Maßnahmen ergreifen.[269] Anbieter und Produzenten können dabei ein und dieselbe „Person“ darstellen. Dies ist jedoch keine notwendige Voraussetzung.[270] Die Bereitstellung eines Bewässerungssystems durch einen Staat kann z.B. in dem Sinne geschehen, dass die Finanzierung und Ausgestaltung staatlicherseits organisiert wird, die Verantwortung für Produktion und Instandhaltung jedoch an lokale Landwirte weitergeleitet wird und diese somit den Status des Produzenten erfüllen. Wird den lokalen Landwirten auch die Organisation der Instandhaltung aufgetragen, so sind sie sowohl Bereitsteller als auch Produzent der Instandhaltungsaktivitäten.[271]

[268] Ostrom (1990), S. 30
[269] Ebd., S. 30f
[270] Ostrom, V. et al. (1961), S: 834
[271] Ostrom (1990), S. 31

4.2.2. Probleme der Selbstverwaltung

Die Zerlegung der Allmende in einzelne Komponenten ermöglicht eine separate Analyse der verschiedenen Teilbereiche. Es sollte in den theoretischen ökonomischen Grundlagen deutlich geworden sein, dass das Infrastruktursystem durch die Charakteristika des öffentlichen Guts gekennzeichnet ist, das nach dem generellen Aufbau kollektiv zur Verfügung steht.[272] Folglich besteht sowohl im Bereich der Bereitsteller als auch der Produzenten die Möglichkeit des Trittbrettfahrerverhaltens; individuelle Bestrebungen können dadurch zu einem geringeren Versorgungsgrad führen.[273] Die Aneignung der Ressourceneinheiten hat dagegen den Charakter eines privaten Gutes.[274] Infolgedessen besteht unter Abwesenheit von Kontrollmechanismen oder möglichen Sanktionen die Möglichkeit, dass jeder Akteur ohne Betrachtung der Auswirkungen seines Handelns eine beliebige Menge an Ressourceneinheiten konsumiert, woraus eine Übernutzung der Ressource folgen kann.

Die zwei generellen Probleme der Allmende sind demnach das Auftreten des Trittbrettfahrerverhaltens und die Übernutzung, Überfüllung oder auch Zerstörung des Ressourcensystems.[275]

4.2.2.1. Aneignungs- und Bereitstellungsprobleme

Aufgrund des Vorkommens einer Vielzahl unterschiedlicher Allmenden kann keine generelle Lösung der Grundprobleme der Allmende existieren. Vielmehr muss auf die situationsabhängigen Besonderhei-

[272] Faysse (2005), S. 240
[273] Ostrom und Ostrom (1977), S. 15, Ostrom und Gardner (1993), S. 93, Ostrom (1990), S. 31
[274] Ostrom (1990), S. 32
[275] Dietz et al. (2002), S. 18ff.

ten einzelner, bestimmter Allmenden eingegangen werden, um Lösungen der beiden grundsätzlichen Allmendeprobleme zu finden. Hierbei ist die Unterteilung in Aneignungs- und Bereitstellungsprobleme notwendig, da diese in Abhängigkeit der jeweiligen Allmende in unterschiedlichen Ausmaßen auftreten und sich folglich auf die Lösungsmöglichkeiten auswirken.[276] Während Aneignungsprobleme mit Ressourceneinheiten in Verbindung stehen, beziehen sich Bereitstellungsprobleme auf das Ressourcensystem.[277]

Aneignungsprobleme stehen mit der Allokation der Ressourceneinheiten in Verbindung. Neben den Auswirkungen individueller Entnahmemodalitäten auf die Kosten anderer Aneigner beziehen sich Aneignungsprobleme auf die Effekte von Zuordnungs- und technologischen Externalitäten. Das Zuordnungsproblem beschreibt den Konflikt um die produktivsten „Erntegebiete“, z.B. im Falle von Fischvorkommen, während unter technologische Externalitäten die Beeinträchtigung anderer Aneigner durch bestimmte „Erntetechnologien“ verstanden wird.[278] In der Wasserversorgung kann generell von Entnahmeproblemen ausgegangen werden, während die Zuordnung und die technologischen Aspekte aufgrund des gemeinsamen Anschlusses an ein Leitungsnetzwerk nur sekundäre Bedeutung besitzen.

Bereitstellungsprobleme beziehen sich auf Investitionen in den Aufbau und den Erhalt des Ressourcensystems.[279] Diesbezüglich sind am Beispiel der Wasserversorgung ebenso Fragen des langfristigen Erhalts der ökologischen Komponente des Ressourcensystems, welche mittels der Festlegung von Entnahmemengen geregelt werden können,

---

[276] Ostrom et al. (1994), S. 8f, Schlager et al. (1994), S. 294, S. 300f
[277] Ostrom (1990), S. 47
[278] Ostrom et al. (1994), S. 10ff
[279] Ostrom (1990), S. 47, Schlager et al. (1994), S. 296

als auch Fragen des Aufbaus und Erhalts des Infrastruktursystems entscheidend.[280]

4.2.2.2. Individuelles Verhalten und Kooperation

Infolge der Unterteilung in Bereitstellungs- und Aneignungsprobleme ergibt sich ein potentielles Spannungsfeld zwischen der kollektiven Nutzung, und damit auch der kollektiven Verantwortung für den Erhalt des Ressourcensystems, und der individuellen Aneignung der Ressourceneinheiten. Da sich Handlungen eines Individuums sowohl im Zusammenhang der Ressourcenaneignung als auch in der Bereitstellung des Ressourcensystems meist auf Handlungen anderer Individuen auswirken, stehen Aneigner und Bereitsteller generell gesehen vor einem Organisationsproblem:

> „how to change the situation from one in which appropriators act independently to one in which they adopt coordinated strategies to obtain higher joint benefits or reduce their joint harm."[281]

Organisation beschreibt in diesem Zusammenhang einen Prozess, der Handlungen beeinflusst, damit kooperative Strategien, in einem Umfeld in welchem nicht kooperative Strategien zu einem kollektiven Versagen führen, möglich werden. Wie kann also ein Wandel von einem unabhängigen, individuellen Verhalten hin zu einem gegenseitig abhängigen Verhalten oder kollektiven Handeln erreicht werden? Diesbezüglich liegen empirische Belege vor, welche zu der Aussage kommen, dass Gruppen von Individuen dazu imstande sind dieses

[280] Ostrom (1990), S. 48f
[281] Ebd., S. 39

Problem zu lösen.[282] Zwischen diesen empirischen Beispielen und der theoretischen Vorhersage, dass Individuen in sozialen Dilemmas gefangen sind, klafft jedoch eine erhebliche Lücke.

Aus diesem Grund liegt der folgenden Analyse eine weite Definition der rationalen Individuen zugrunde. Diese Art der theoretischen Festlegung unterscheidet sich von der Fixierung des vollkommen rationalen Individuums insoweit, dass Entscheidungen und Handlungen der Aneigner über die Nutzung einer Ressourceneinheit oder auch über Fragen der Bereitstellung in einer komplexen und nicht determinierbaren Umwelt stattfinden. Eine der Hauptquellen der Unsicherheit ist dabei der Informationsmangel. Informationsdefizite basieren auf der Unkenntnis der exakten Struktur z.B. von den Grenzen und Charakteristiken des Ressourcensystems bis hin zu Unwägbarkeiten über die Auswirkungen des eigenen Handelns auf das Ressourcensystem oder auch auf das Verhalten anderer Akteure. Diese Informationsdiskrepanzen können zwar im Laufe der Zeit verringert werden, jedoch ist die Verringerung der Unsicherheit kostenaufwändig und vermutlich niemals vollkommen abgeschlossen. Die Ausmaße der Unsicherheit sind unter anderem abhängig von der Anzahl der Aneigner, der Komplexität der Situation und der Stabilität der Faktoren, welche individuelles Verhalten und das Verhalten des Ressourcensystems beeinflussen. Zudem ist die Verteilung der Informationen innerhalb der Gruppe der Aneigner von den Kosten der Informationsbeschaffung und der Art der Verbreitung von Informationen abhängig. Eine vollkommene Information ist daher eher eine fiktive Annahme. Ferner wird davon ausgegangen, dass die beteiligten Akteure im Gegensatz zu den Annahmen der Theorien kollektiven Handelns untereinander kommunizieren und interagieren.[283] In Bezug auf die Zielgröße des

[282] Fallstudien verschiedener Autoren siehe Bromley et al. (1992), S.63ff, Milgrom et al. (1990)

[283] Ostrom (1990), S. 183f

Handelns, die bei vollkommen rationalen Individuen lediglich monetäre Aspekte umfasst, wird diese eindimensionale Sichtweise um zusätzliche Attribute erweitert.[284]

Die weite Definition der Rationalität und damit verbunden das Verhalten der Individuen setzt sich aus vier Variablen zusammen: erwartete Erträge, erwartete Kosten, interne Normen und interne Diskontraten. Die Wahl der Handlungsstrategie beeinflusst die äußere Umgebung eines Individuums, welche wiederum Rückkoppelungen auf die zukünftig zu erwartenden Kosten und Erträge von Handlungen nach sich ziehen. Die internen Normen eines Individuums sind unter anderem von den geteilten Normen anderer in Hinblick auf bestimmte Situationen abhängig. Der bedeutendste Einfluss auf geteilte Normen steht in Verbindung mit dem Grad opportunistischen Verhaltens, dem „listigen Selbstinteresse"[285]. Akzeptierte Verhaltensnormen werden opportunistisches Verhalten wohl nicht vollkommen eliminieren, sind für die Wahl der Handlungsstrategie von Individuen jedoch nicht zu vernachlässigen. Demnach muss eine Lösung der Allmendeprobleme opportunistisches Verhalten stets als mögliche Handlungsstrategie berücksichtigen. Um eine Kooperationslösung zu erreichen, sind je nach Ausprägung des opportunistischen Verhaltens und der akzeptierten Verhaltensnormen Maßnahmen für Überwachungs- und Sanktionierungsmechanismen notwendig. Die Diskontierung zukünftiger Erträge, die vierte Variable der individuellen Entscheidung, wird neben der Gewichtung der zukünftigen Ereignisse im Vergleich zur Gegenwart durch individuelle Möglichkeiten der Erweiterung der Strategiemenge um Aktionsmöglichkeiten außerhalb einer bestimmten Allmendesituation beeinflusst. Unter Berücksichtigung der Interdependenzen zwischen internen Normen und interner Diskontrate auf erwartete Erträge und Kosten und der Miteinbeziehung äußerer Ein-

[284] Simon (1972), S. 162ff, Williamson (1975), S. 21ff
[285] Williamson (1975), S. 26

flüsse, steht jedem Individuum eine gewisse Handlungsstrategiemenge zur Verfügung.[286]

Mit Hilfe der weiten Definition der Rationalität kann nun oben genannte Organisationsfrage des Zustandekommens von Kooperation untersucht werden. Unbestritten ist wohl der Umstand, dass es verschiedene Typen von Individuen gibt, die in unterschiedlichem Ausmaß willens sind Reziprozität einzuleiten, um von kollektivem Handeln zu profitieren. Aus diesem Grund ergibt sich die Frage, wie potentiell zur Kooperation bereite Individuen ihre Bereitschaft signalisieren können, inwiefern dieses Signal in bindenden Absprachen resultiert und welche Mittel die Überwachung der Absprachen ermöglichen?[287] Die Grundlage der Beantwortung dieser Fragen liegt im Wesentlichen in den institutionellen Rahmenbedingungen.

4.2.3. Die Bedeutung von Institutionen

Feldstudien über erfolgreiche Fälle der Selbstverwaltung von Allmenden haben aufgezeigt, dass die beteiligten Akteure Institutionen entwickeln, die die Menge ihrer Handlungsstrategien effektiv gestalten und aus Sicht der Gemeinschaft zu einem optimaleren Ergebnis führen können.[288] Die Untersuchung von Institutionen konzentriert sich daher auf unterschiedliche institutionelle Ausprägungen, deren Zustandekommen und Transformation.

---

[286] Ostrom (1990), S. 33ff
[287] Ostrom (1990), S. 39f, Ostrom (2000a), S. 138
[288] Heikkila (2004), S. 100

4.2.3.1. Definition

Es existieren zahlreiche unterschiedliche Definitionen von Institutionen. Generell kann zwischen drei Hauptrichtungen, die allesamt institutionelle Erklärungen für beobachtete menschliche Verhaltensmuster liefern, unterschieden werden: Institutionen als Gleichgewicht,[289] Institutionen als Normen[290] und Institutionen als Regeln.[291]. Diese Definitionen schließen sich jedoch nicht gegenseitig aus; vielmehr existieren sie gleichbedeutend nebeneinander und betrachten Institutionen aus differenzierten Blickwinkeln. Die Unterschiede basieren im Wesentlichen auf den zugrundeliegenden Erklärungsmustern mittels derer beobachtete Regelmäßigkeiten beschrieben werden. Während sich ersterer Ansatz auf die Gesetzmäßigkeiten von Ergebnissen in strukturierten Situationen bezieht, konzentrieren sich letztere Ansätze auf linguistische Beschränkungen (mündlich, schriftlich, oder stillschweigend akzeptierte Vorschriften oder Empfehlungen), welche diese Gesetzmäßigkeiten beeinflussen.[292] In der Theorie der Selbstverwaltung von Allmenden wird das Hauptaugenmerk auf Regeln gerichtet, weshalb in dieser Arbeit der Ansatz der Institutionen als Regeln verwendet wird. In diesem Sinne sind Institutionen die von Menschen entwickelten Regeln, die menschliche Interaktionen formen.[293] Elinor Ostrom konkretisiert diese Aussage, indem sie Institutionen als

> „the sets of working rules, that are used to determine who is eligible to make decisions in some arena, what actions are allowed or constrained, what aggregation rules will be used,

[289] Siehe z.B. Calvert (1995), Riker (1980), Schotter (1981)
[290] Siehe z.B. Coleman (1987), Ullmann-Margalit (1977)
[291] Siehe z.B. North (1990), Ostrom (1990), Shepsle (1989)
[292] Crawford und Ostrom (1998), S. 582f
[293] North (1990), S. 3

> what procedures must be followed, what information must or must not be provided, and what payoffs will be assigned to individuals dependent on their actions"[294]

beschreibt. Institutionen unterscheiden sich diesbezüglich grundsätzlich von Organisationen. Nach North beschreiben Institutionen die Regeln eines Spiels, während Organisationen die Spieler darstellen und meist aus einer Gruppe von Individuen mit gemeinsamen Interessen bestehen.[295]

Institutionen können sowohl formell in Form von ausgearbeiteten Regeln als auch informell in Gestalt von Verhaltenskodizes auftreten.[296] Sie können neu geschaffen oder geändert werden oder sich über den Lauf der Zeit selbst entwickeln. Nach dieser Definition stellen sie die Rahmenbedingungen dar, unter welchen menschliche Interaktion stattfindet. Sie bilden zusammen mit ökonomischen Handlungsbeschränkungen, wie z.B. der Budgetbeschränkung, die Handlungsmöglichkeiten in einer Gesellschaft und verringern die individuelle Unsicherheit, indem sie Handlungen eine stabile Struktur verleihen. Demgegenüber entwickeln sich Organisationen um die Vorteile dieser Rahmenbedingungen zu nutzen.[297] Das institutionelle Rahmenwerk restringiert einerseits die Handlungsmöglichkeiten, indem gewisse Handlungen nicht erlaubt bzw. erwünscht sind, gleichzeitig wird die individuelle Freiheit durch eine bessere Vorhersage der Reaktionen anderer Akteure auf das eigene Verhalten erhöht.[298] Institutionen dienen folglich der Verringerung der Unsicherheit und damit auch der Reduzierung der Transaktionskosten, die in diesem Zusammenhang

[294] Ostrom (1990), S. 51
[295] North (1990), S. 4f
[296] Eine ausführlichere Abhandlung über formelle und informelle Handlungsbeschränkungen ist in North (1990), S. 36ff. zu finden.
[297] North (1990), S. 4ff, North (1994), S. 1f
[298] Commons (1970), S. 21

als die Kosten der Informationsbeschaffung über das Verhalten anderer Akteure beschrieben werden.[299] Gemeinsam haben alle Regeln, dass sie ein Ergebnis aus der Interaktion von Individuen sind, welche gesicherte Verhältnisse schaffen und die Wahrscheinlichkeit von Vorhersagen in bestimmten Situationen verbessern wollen. Diesbezüglich werden Handlungen definiert, die *erforderlich*, *untersagt* oder *zulässig* sind.[300] „Working rules“, wie sie in Ostrom's Definition bezeichnet werden, oder auch „rules-in-use” beschreiben dabei Regeln, die *allen* Akteuren bekannt sind, überwachbar sind und durchgesetzt werden, wenn Individuen Entscheidungen über zu tätigende Handlungen treffen.[301] Aus diesem Grund ist North der Ansicht, dass ein bedeutender Bestandteil funktionierender Institutionen die Kosten der Feststellung von Regelverstößen und die Härte der Bestrafungen in solch einem Falle sind.[302] Auch wenn formelle Gesetze oftmals die Hauptquelle von „working rules“ darstellen, können die informellen situativ- und organisationsspezifischen Vorschriften eine betriebsnotwendige Ergänzung zum formellen Gesetzesüberbau sein.[303]

4.2.3.2. Ebenen der Institutionellen Analyse

Bei der Analyse von Institutionen und institutionellen Transformationen im Gegensatz zu Handlungen innerhalb dieser Beschränkungen müssen stets mehrere Ebenen von Regeln betrachtet werden. Da Änderungen in Regeln auf der Durchführungsebene innerhalb von Re-

[299] North (1990), S. 27

[300] Commons (1974), S. 147f, Ostrom (1986), S. 5
Eine detaillierte Diskussion über Regeln ist z.B. in Ostrom et al. (1994), S. 38ff. oder Crawford und Ostrom (2005), S. 16ff. zu finden.

[301] Ostrom (1990), S. 51
Den Gegensatz zu „rules-in-use“ bilden „rules-in-form“. Siehe hierzu z.B. Sproule-Jones (1993).

[302] North (1990), S. 4

[303] Ostrom (1990), S. 51

geln einer höheren Ebene stattfinden, sind Regeln der höheren Ebene zwar schwieriger und kostenaufwändiger zu ändern, bieten gleichzeitig jedoch eine größere Stabilität oder Sicherheit der gegenseitigen Erwartungen der Individuen.[304]

Nach Kiser und Ostrom existieren in diesem Zusammenhang drei Regelungsebenen, welche sich anhand von Handlungsoptionen und –notwendigkeiten unterscheiden. Diese, in Abbildung 6 dargestellten Ebenen, bestehen aus „operativen Regeln", „Regeln für kollektive Entscheidungen" und „Regeln für konstitutionelle Entscheidungen".[305]

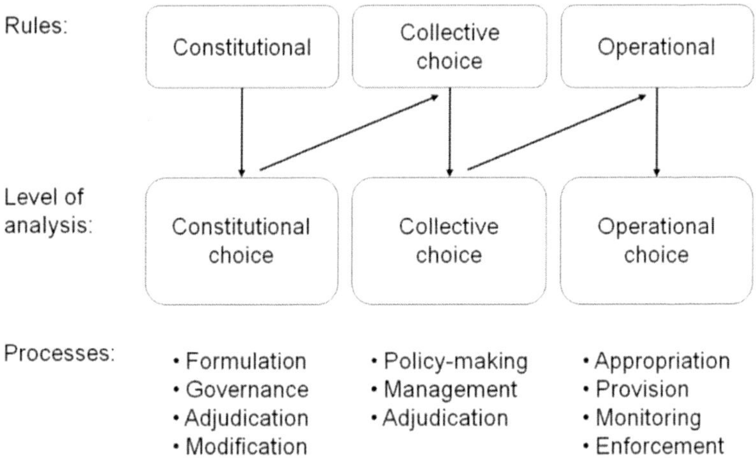

Abbildung 6: Ebenen der Institutionellen Analyse[306]

Operative Regeln bestimmen alltägliche Entscheidungen der Aneigner, die Fragen der Ressourcenentnahme, der Überwachung von Regeln, der Informationsverbreitung, und Sanktionierungs- bzw. Belohnungsmaßnahmen beinhalten. Indirekt werden die operativen Regeln

[304] Ostrom (1990), S. 52
[305] Kiser und Ostrom (1982), S. 184
[306] Verändert nach Ostrom (1990), S. 53

von *Regeln für kollektive Entscheidungen* beeinflusst. Diese umfassen die von Aneignern, ihren Vertretern oder auch von externen Autoritäten genutzten Regeln, mit welchen sie Fragen über das Management der Allmenderessource, also die Ausgestaltung des operativen Bereichs, und z.B. über Kandidaten zukünftiger kollektiver Entscheidungen meist mittels Abstimmungen entscheiden. Die *Regeln für konstitutionelle Entscheidungen* als höchste Ebene beeinflussen die operative Ebene, indem beispielsweise über Zugangs- und Entnahmeberechtigungen entschieden wird oder Festlegungen spezifischer Regeln der kollektiven Entscheidungsmechanismen stattfinden, die wiederum Einfluss auf das Regelwerk der operativen Ebene ausüben.[307]

Ausschließlich auf der operativen Ebene folgt einer Entscheidung eine tatsächliche Aktion in der physischen Welt. Die darüber liegenden Ebenen entscheiden mittels einer Form von Wahlen über Vorschläge des zukünftigen Handelns und die Zusammensetzung von Entscheidungsgremien. Die Summe dieser Stimmen bildet daraufhin die kollektive Entscheidung.[308] In wissenschaftlichen Analysen ist eine standardmäßige Vorgehensweise, die Regeln der zu betrachtenden Ebene als variabel anzusehen, unter der Konstanz der Regeln höherer Ebenen (ceteris paribus Prinzip), damit die Problemstruktur aufgeschlüsselt werden kann. Individuen, die in Feldstudien in einer selbstverwalteten Umgebung handeln, lösen Probleme jedoch, indem sie zwischen Regelungsebenen interagieren. Es wird also stets die Möglichkeit in Betracht gezogen, auch Regeln anderer Ebenen verändern zu können, was eine theoretische Analyse dieser Lösungsstrategien erschwert.[309]

[307] Kiser und Ostrom (1982), S. 206ff, Ostrom (1990), S. 52
[308] Kiser und Ostrom (1982), S. 209f
[309] Ostrom (1990), S. 54f

4.2.3.3. Entstehung von Institutionen und Institutioneller Wandel

Die Entstehung von Institutionen beschreibt eine einmalige Transformation von einem regellosen Zustand hin zu einer Regelbildung.[310] Institutioneller Wandel demgegenüber kann als schrittweise Änderung bestehender Regeln angesehen werden.[311] Um die Entstehung und den Wandel von Institutionen verstehen zu können, ist es hilfreich unter verschiedenen institutionellen Formen zu unterscheiden. Da Institutionen sowohl aus formellen als auch informellen Regeln bestehen, werden diese nun getrennt betrachtet und näher erläutert.

In der modernen westlichen Welt ist das Leben und die Wirtschaft in der Gesetzgebung und den Eigentumsrechten geordnet. Auch wenn diese Gesetze einen wichtigen Anteil der Gesellschaften ausmachen, sind sie nicht der allein bestimmende Teil, der die Entscheidungsfindung der Einzelpersonen initiiert. Die formellen, niedergeschriebenen Regeln dienen vielmehr als Basis für unsere alltäglichen Interaktionen, sei es in der Familie und anderen sozialen Beziehungen oder auch in der Geschäftswelt. Auf dieser formellen Basis haben sich eine Vielzahl von Verhaltensmaßregeln, Verhaltensnormen und Konventionen entwickelt, welche weitgehend die alltäglichen Interaktionen vordergründig bestimmen, während formelle Regeln meistens als unreflektierter Hintergrund in den alltäglichen Entscheidungen fungieren. Die Vielfältigkeit und Differenz zwischen Gesellschaften mit ähnlichen formellen Regeln oder Verfassungen kann als Beleg der immensen Bedeutung von informellen Regeln angesehen werden.[312] Informelle Regeln sind nach North ein Teil dessen, was wir als Kultur bezeichnen und entwickeln sich aus gesellschaftlich überlieferten Informationen. Neben der Übernahme von überlieferten Regeln, welche sich über die

[310] Buchanan (1975), S. 59, Ostrom (1990), S. 140
[311] Ostrom (1990), S. 140
[312] North (1990), S. 36

Zeit zu Gewohnheiten und Bräuchen entwickeln, spielen auch Machtverhältnisse wie Eroberungen und die Oktroyierung von Regeln eine Rolle bei der institutionellen Entwicklung.[313] Es ist jedoch unwahrscheinlich, dass in immer vielschichtigeren Gesellschaften, in welchen die Erträge opportunistischen Verhaltens anwachsen, ausschließlich Selbstbindungen oder Vertrauen erfolgreich sind. Ein formelles Rahmensystem, das informelle Regeln unterstützt, ist aus diesem Grund unabdingbar.[314]

Die Entstehung von zunehmend komplexen Gesellschaften und die Notwendigkeit mit diesen vielgestaltigen Gebilden umgehen zu können, führte zu der Entwicklung von formellen legalen Systemen und mit ihnen niedergeschriebenen Regeln z.B. in Form von politischen, juristischen, ökonomischen und vertraglichen Regeln. Formelle Regeln können informelle ergänzen und auch deren Wirksamkeit erhöhen, jedoch ebenso informelle Regeln beeinflussen oder ersetzen.[315]

In selbstverwalteten Allmenden ist die Dynamik von Institutionen, d.h. bestehende Regeln nicht als unveränderlichen status quo zu betrachten, eine wesentliche Charakteristik. Die Abänderung von Gesetzen stellt eine Möglichkeit der Variierung formeller Regeln dar. Demgegenüber können sich informelle Regeln äußerst robust verhalten und sind daher bedingt durch ihre Verankerung in der Institution in gewissem Sinne zumindest kurzfristig immun gegenüber Änderungsprozessen.[316] Eine theoretische Analyse des institutionellen Wandels gestaltet sich jedoch aufgrund der Komplexität und der Dynamik der ökolo-

[313] Commons (1974), S. 136
[314] North (1990), S. 35
[315] North (1990), S. 46f
Neben den unterschiedlichen Ebenen der working-rules, können formelle Regeln selbst nochmals unterteilt werden in: Eintritts- und Austrittsregeln, Positionsregeln, Rahmenregeln, Entscheidungsregeln, Aggregationsregeln, Informationsregeln und Auszahlungsregeln als eine beispielhafte Unterscheidung. Für weitere Informationen siehe z.B. Ostrom (2007), S. 36ff, Ostrom et al. (1994), S. 41ff
[316] North (1990), S. 42ff

gischen und sozioökonomischen Rahmenbedingungen als äußerst schwierig. Infolgedessen ist es angesichts der unvollständigen Informationen beteiligter Individuen nahezu unmöglich, sämtliche Auswirkungen einer Entstehung oder Transformation von Institutionen im individuellen Entscheidungskalkül zu beachten.[317] Jedwede institutionelle Änderung ist demnach stets mit einem gewissen Ausmaß an Unsicherheit behaftet.

Auf der Ebene kollektiver Entscheidungen soll beispielhaft der Prozess des formellen institutionellen Wandels dargestellt werden. Grundlegend hierfür ist eine Kosten-Nutzen Analyse, welche unter Verwendung der weiten Definition der Rationalität implizit interne Normen und Diskontraten berücksichtigt. Jedes Individuum i vergleicht dabei den erwarteten Nettogegenwartswert der bestehenden Regel ($NPVA_i$) mit dem zu erwartenden Nettogegenwartswert der transformierten Regel ($NPVN_i$). Der individuelle Anreiz D_i, bestehend aus der Differenz der Gegenwartswerte und sei definiert als

$$D_i = NPVN_i - NPVA_i$$

Ist D_i für alle i negativ, besteht ein kollektiver Anreiz die alten Regeln beizubehalten. Ist D_i für einen Teil der Individuen positiv, hängt der Änderungsprozess von den zugrundeliegenden Kosten C der Individuen ab, die sich in drei Faktoren gliedern:

- $C1$: den Zeit- und Aufwandskosten zur Entwicklung und Abstimmung neuer Regeln;
- $C2$: den kurzfristigen Kosten der Anpassung an neue Regeln;
- $C3$: den langfristigen Kosten der Überwachung und Instandhaltung des Selbstverwaltungssystems.

[317] Ostrom (2005), S. 242f

Übersteigt die Summe der erwarteten Kosten für alle i den Anreiz D_i, wird kein Individuum in die Entwicklung neuer Regeln investieren. Aufgrund der unterschiedlichen Auswirkungen von Regeln auf individuelle Kosten- und Nutzenprofile, beeinflussen kollektive Entscheidungsmechanismen die Regeltransformation. Es sei A die Summe aller Individuen und K eine Teilmenge von A mit $K \leq A$. Je nach der Art der kollektiven Entscheidungsfindung muss eine minimale Koalition von Individuen, $K \subset A$, der Annahme neuer Regel zustimmen. Gilt für alle Koalitionen

$$D_k \leq (C1_k + C2_k + C3_k)$$

wird es zu keiner Übernahme neuer Regeln kommen. Gilt jedoch für mindestens eine Koalition $K \subset A$

$$D_k > (C1_k + C2_k + C3_k)$$

ist die Entscheidung über eine Regeländerung von den Mechanismen der kollektiven Entscheidungsfindung und der Machtverteilung innerhalb der Gesamtheit der Individuen abhängig.[318] Generell wurde jedoch deutlich, dass institutioneller Wandel neben den Unsicherheiten der ökologischen und sozioökonomischen Rahmenbedingungen, welche sich auf die erwarteten Kosten und Nutzen auswirken, auch von Regeln der kollektiven Entscheidungsfindung und Machtverhältnissen innerhalb von Gruppen abhängt.

Mit Hilfe von Institutionen versuchen Individuen also die eigene Unsicherheit in Bezug auf das Handeln anderer Akteure zu verringern und somit Transaktionskosten abzubauen. Indem Individuen die Sicherheit gegeben wird, dass weitere Akteure die Allmende nicht zu ihren eigenen Vorteilen „ausnutzen“, kann regelkonformes Verhalten

[318] Ostrom (2000b), S. 35f, Ostrom (2005), S. 245ff

aus einem rationalen Entscheidungskalkül folgen.[319] Diesbezüglich muss jedoch auch die nicht-kooperative Strategie mit in Betracht gezogen werden. Es ist grundsätzlich davon auszugehen, dass die Möglichkeit der Abweichung von einer Kooperationsstrategie und daraus resultierende kurzfristig höhere Erträge den meisten Spielern bewusst ist. Wie kann ein Individuum in solch einer Situation, in der sich alle bewusst sind, dass ein späteres Abweichen von den Regeln möglich ist, glaubhaft seine eigene Absicht der Regelkonformität an andere Akteure vermitteln? Und wie können Akteure sichergehen, dass Regeln eingehalten werden, falls ein Abweichen davon nicht unmittelbar ersichtlich wird? Wie bereits in den unterschiedlichen Kostenarten, die individuelle Entscheidungen beeinflussen, ersichtlich wurde, erhält die Überwachung der Regeln eine zentrale Bedeutung in diesem Zusammenhang.[320] Dabei soll eine Sanktionierung im Falle der Abweichung von den gesetzten Regeln, die Akteure zu Kooperation bewegen. Ein zentraler Bestandpunkt diesbezüglich ist die zuvor aufgeworfene Frage der Beobachtung der Regelverletzung. Lediglich im Falle der Registrierung solch einer Strategieabweichung können Selbstverpflichtungen auch zu einem erfolgreichen Ergebnis führen.[321] Infolgedessen erhält die Frage der Überwachung von Handlungen einen höheren Stellenwert als das Problem der Selbstverpflichtung der Individuen. Anhand dieser allgemeinen Fragen gilt es nun, spezifische institutionelle Rahmenbedingungen in Selbstverwaltungssystemen zu identifizieren.

[319] Runge (1992), S. 28f, Ostrom (1990), S. 43f
[320] Anthony und Campbell (2011), S. 286
[321] Ostrom (1990), S. 44f

4.3. Faktoren des erfolgreichen Selbstmanagements

Es sei nochmals ausdrücklich darauf hingewiesen, dass aufgrund der unterschiedlichen Ausprägung von Allmendesituationen keine allumfassende Lösungsstrategie existiert. In jedem einzelnen Fall muss auf die spezifischen Charakteristika der Ressource, der Nutzer und des vorhandenen Regelsystems eingegangen werden. Die folgenden Kapitel beschäftigen sich mit spezifischen Faktoren, welche die Wahrscheinlichkeit einer erfolgreichen Selbstverwaltung der Allmende erhöhen. Im Einzelnen werden Komponenten für die Entstehung von selbstverwalteten Systemen untersucht und daran anschließend soll institutionellen Gestaltungsprinzipien, die für die langfristige Stabilität der Selbstverwaltung verantwortlich sind, die Betrachtung gelten. Abschließend werden generelle Probleme und Kritikpunkte an dieser Herangehensweise erörtert, wobei explizit die Rolle des Staates zur Erläuterung kommt.

4.3.1. Voraussetzungen für die Entstehung von Selbstverwaltungssystemen

Die im Folgenden sehr allgemein formulierten Faktoren, welche die Wahrscheinlichkeit der Entstehung von Selbstverwaltungssystemen begünstigen, basieren auf einer Vielzahl unterschiedlicher Feldstudien[322] und charakterisierten, trotz der Differenzen einzelner Allmenden, mehr oder weniger die meisten untersuchten Systeme. Die Voraussetzungen für die Entstehung von Selbstverwaltungssystemen gliedern sich in Ressourcenfaktoren und Nutzerfaktoren.[323]

[322] Baland und Platteau (1996), S. 285ff, Ostrom (1992), S. 298f
[323] Ostrom (2000b), S. 33ff, Ostrom (2005), S. 244

Das theoretische Modell des institutionellen Wandels hat aufgezeigt, dass eine Regeländerung stets mit Auswirkungen auf erwartete Kosten und Nutzen der Akteure in Verbindung steht. Übersteigt die Summe der individuellen Kosten für alle Individuen den erwarteten Nutzenanstieg, existieren keine Anreize zur Regeländerung. Übersteigt der erwartete Nutzenanstieg zumindest für einen Teil der Akteure die Kosten, kann es unter Abhängigkeit weiterer Faktoren zu einem Wandel kommen.[324]

R1.	*Realisierbare Verbesserung*: Der Zustand der Ressource ist nicht an einem Punkt des Niederganges, sodass eine Organisierung zwecklos ist, oder so gering ausgelastet, dass nur minimale Vorteile aus einer Organisierung resultieren.
R2.	*Indikatoren*: Verlässliche und fundierte Informationen über den Zustand der Ressource sind in regelmäßigen Abständen zu geringen Kosten erhältlich.
R3.	*Berechenbarkeit*: Der Fluss der Ressourceneinheiten ist relativ vorhersagbar.
R4.	*Räumliche Ausdehnung*: Das Ressourcensystem ist unter Berücksichtigung der verfügbaren Transport- und Kommunikationstechnologie relativ klein, sodass Aneigner verlässliche Informationen der externen Grenzen und internen Mikrosysteme entwickeln können.

Tabelle 3: Ressourcenfaktoren[325]

Die Attribute der Ressource aus Tabelle 3 haben direkt oder indirekt, sowohl auf den Nutzen, als auch auf die Kosten des institutionellen Wandels Einfluss. Herrscht keine Knappheit an Ressourceneinheiten, existieren wenige Gründe, weshalb Aneigner ihre Zeit und Mühen in organisatorische Angelegenheiten investieren sollten. Ist die Res-

[324] Ostrom (1998b), S. 428, Ostrom (2000b), S. 35f, Ostrom (2005), S. 245ff Nähere Erläuterungen siehe Kap. 4.2.2.3.

[325] Übersetzung des Verfassers nach Ostrom (2000b), S. 34f, Ostrom (2005), S. 244f

source jedoch substanziell zerstört (R1), übersteigen die hohen Kosten der Organisierung und Erhaltung höchstwahrscheinlich die erwarteten Erträge. Aus diesem Grund treten Selbstorganisationen mit höherer Wahrscheinlichkeit in Fällen substanzieller Knappheit auf. Die Verfügbarkeit von verlässlichen Informationen (R2) beeinflusst die Adaptionskapazität der Aneigner an Veränderungen der Ressource. Ein leicht vorhersagbarer Ressourcenfluss (R3) ermöglicht eine bessere Unterscheidung zwischen Übernutzung oder anderen externen Einflüssen und somit auch ein besseres Management der Ressource.[326] Die Kosten der Grenzdefinierung und die Überwachung dieser werden durch die Ausdehnung der Ressource und auch durch die zur Verfügung stehenden Transport- und Kommunikationstechnologien (R4) beeinflusst.[327]

A1. *Salienz*: Aneigner sind zur Bewältigung ihres Lebensunterhaltes in hohem Maße von dem Ressourcensystem abhängig.
A2. *Allgemeines Verständnis*: Aneigner haben gemeinsame Ansichten über die Funktionsweise des Ressourcensystems (siehe Ressourcenattribute) und über die Auswirkungen ihres Handelns auf Andere und das Ressourcensystems.
A3. *Geringe Diskontrate*: Aneigner nutzen eine hinreichend geringe Diskontrate in Bezug auf zukünftige aus der Ressource zu erzielende Erträge.
A4. *Vertrauen und Reziprozität*: Aneigner vertrauen gemeinschaftlich auf die Einhaltung von Versprechen und beziehen sich reziprok aufeinander.

326 Schlager et al. (1994), S. 295ff unterteilen aus diesem Grund Allmenderessourcen zusätzlich anhand des Ressourcenflusses und der Speicherkapazität des Systems.
327 Ostrom (2000b), S. 36

A5.	*Autonomie*: Aneigner sind in der Lage, Zugangs- und Entnahmeregeln ohne die Intervention externer Autoritäten festzulegen.
A6.	*Vorausgegangene organisatorische Erfahrung und lokale Führerschaft*: Aneigner haben sich durch die Teilnahme an anderen lokalen Vereinigungen oder das Lernen mittels Vorgehensweisen benachbarter Gruppen zumindest minimale Kenntnisse der Organisation und Führung angeeignet.

Tabelle 4: Nutzerfaktoren[328]

Ebenso wirken sich die Nutzerfaktoren aus Tabelle 4 auf die erwarteten Erträge und Kosten aus. Sind Aneigner nicht zu einem großen Teil ihres Lebensunterhaltes von dem Ressourcensystem abhängig (A1), können die Kosten der Organisierung und der Erhaltung des Systems den daraus gewonnenen Nutzen übersteigen. Ebenso führt die Abwesenheit eines gemeinsamen Verständnisses über die komplexe Funktionsweise des Ressourcensystems (A2) zu erhöhten Kosten der kollektiven Entscheidungsfindung.[329] Aneigner, die alternative Handlungsmöglichkeiten außerhalb der Ressourcengrenzen besitzen, gewichten zukünftige Erträge möglicherweise geringer, d.h. sie agieren mit einer höheren Diskontrate (A3) als ortsgebundene Individuen, und tendieren dazu eine Ressource zu übernutzen ohne zur Erhaltung beizutragen, verbunden mit einer Erhöhung der Kosten für nicht mobile Akteure.[330] Erwartete Überwachungs- und Sanktionierungskosten können in diesem Zusammenhang verringert werden, wenn sich Aneigner auf gegenseitige Einhaltung von Vereinbarungen verlassen können und in ihren interpersonellen Beziehungen reziprok handeln (A4). Diese Form des „Sozialkapitals" muss nicht notwendigerweise

[328] Übersetzung des Verfassers nach Ostrom (2000b), S. 34f, Ostrom (2005), S. 244f

[329] Libecap und Wiggins (1985), S. 712f kommen zu dem Ergebnis, dass asymmetrische Information über heterogene Assets die Bereitschaft zur Konsumreduzierung verringern können bevor die Ressource beträchtlichen Schaden genommen hat.

[330] Acheson (2003), S. 221, Ostrom (2005), S. 248f

von vornherein gegeben sein, sondern kann sich durch anfängliche minimale Regeländerungen, welche die Akzeptanz der Aneigner erhöhen, entwickeln.[331] Autonome Entscheidungsprozesse (A5) führen zu einer Verringerung der Organisationskosten, da Unstimmigkeiten einzelner Akteure nicht zu einer Intervention externer Autoritäten und zur Revidierung von Entscheidungen führen. Die Organisation einer Selbstverwaltung ist letztendlich erheblich von den individuellen organisatorischen Fähigkeiten und Erfahrungen (A6) abhängig, welche Problemlösungsmechanismen und Strategiemengen erweitern können.[332]

Sowohl die Attribute der Ressource als auch der Nutzer sollten nicht als notwendig oder hinreichend für die Entstehung kollektiven Handelns und die daraus resultierende Bildung oder Änderung von Regeln angesehen werden. Vielmehr beschreiben sie Bedingungen, die positiv mit dem Auftreten kollektiven Handelns korreliert sind. Eine Allmendesituation, charakterisiert durch die Erfüllung aller Attribute, lässt eine höhere Wahrscheinlichkeit der Erreichung kollektiver Ergebnisse vermuten, als unter der Abwesenheit der Faktoren.[333]

Viele dieser Variablen werden von übergeordneten Systemen, in welches die Ressource und die Aneigner eingebettet sind, beeinflusst.[334] Auf diese Systeme wird in 4.3.3. am Beispiel des Einflusses des Staates auf die Selbstverwaltung eingegangen.

[331] Coleman (1988), S. 53ff, Zitiert nach Marshall (2005) in Marelli (2011), S. 3
[332] Ostrom (2000b), S. 38, Ostrom (2005), S. 249
[333] Schlager (2004), S. 153
[334] Ostrom (2000b), S. 35

4.3.2. Faktoren der langfristigen Erhaltung von Selbstverwaltungssystemen

Die Identifizierung von Erfolgsfaktoren robuster Selbstverwaltungssysteme bestimmte in den letzten Jahren eine Vielzahl wissenschaftlicher Arbeiten über selbstverwaltete Allmenden.[335] Drei wegweisende Publikationen stellen, so Agrawal, die Arbeiten von Baland und Platteau, Ostrom und Wade dar.[336] Aus Gründen der Übersichtlichkeit wird lediglich eine erweiterte Version von Ostrom verwendet, während Unterschiede und Kritikpunkte im Vergleich zu alternativen Faktoren explizit im daran anschließenden Abschnitt erläutert werden.

Die acht Gestaltungsprinzipien von Elinor Ostrom folgen der von North vertretenen Definition der Institutionen als Mechanismen zur Reduzierung der Unsicherheit in einer komplexen und unsicheren Umwelt.[337] Eine geringere Unsicherheit kann zur Ausbildung und Erhaltung von Vertrauen und reziproken Normen führen, welche kollektives Handeln begünstigen.[338] Die hier aufgezeigten Gestaltungsprinzipien sind eine vor allem durch Kritik von Agrawal und der Arbeit von Cox et al. erweiterte Version der ursprünglichen Faktoren.[339] Sie beschreiben die strukturellen Ähnlichkeiten von selbstverwalteten Systemen, die sich gegenüber sozialen, ökonomischen und ökologischen Veränderungen dauerhaft erwiesen haben.[340] Nach einer Analyse von 91 Fallstudien kommen Cox et al. zu dem Ergebnis, dass in zwei Drittel der untersuchten Studien robuste Ressourcensysteme durch die meisten der in Tabelle 5 dargestellten Gestaltungsprinzipien

[335] Cleaver und Franks (2005), S. 2
[336] Agrawal (2002), S. 46, Baland und Platteau (1996), Ostrom (1990), Wade (1994)
[337] North (1990), S. 3ff
[338] Cox et al. (2010), S. 2
[339] Agrawal (2002), S. 50, Cox et al (2010), S. 6ff, Ostrom (2010), S. 653. Ähnliche Anpassungsvorschläge liefern auch Gautam und Shivakoti (2005), S. 169.
[340] Ostrom (2005), S. 257

charakterisiert sind, während Studien von Missmanagement diese Faktoren nicht oder nur in geringen Maßen aufweisen.[341]

P1a	*Nutzergrenzen:* Individuen oder Haushalte mit dem Recht Ressourceneinheiten zu entnehmen müssen klar definiert sein.
P1b	*Ressourcengrenzen:* Die Grenzen der Allmende müssen klar definiert sein und dies von der größeren biophysischen Umwelt abgrenzen.
P2a	*Kongruenz mit lokalen Bedingungen:* Bereitstellungs- und Aneignugnsregeln, (die Zeit, Ort, Technologie und/oder Quantität der Ressourceneinheiten bestimmen), sind kongruent mit lokalen, sozialen und ökologischen Bedingungen.
P2b	*Kongruenz zwischen Aneignungs- und Bereitstellunsregeln:* Die von Nutzern einer Allmende erhaltenen Erträge, welche nach den Aneignungsregeln bestimmt sind, sind proportional zu der Inputmenge in Form von Arbeit, Materialien oder Geld, die von den Bereitstellungsregeln festgelegt sind.
P3	*Kollektive Entscheidungsstrukturen:* Die meisten Individuen, die von operativen Regeln betroffen sind können an der Modifizierung und Entwicklung dieser Regeln teilnehmen.
P4a	*Nutzerüberwachung:* Kontrolleure, die gegenüber den Nutzern rechenschaftspflichtig sind, überwachen die Aneignungs- und Bereitstellungsaktivitäten der Nutzer.
P4b	*Ressourcenüberwachung:* Kontrolleure, die gegenüber den Nutzern rechenschaftspflichtig sind, überwachen den Zustand der Ressource.
P5	*Gestaffelte Sanktionen:* Aneigner, die operative Regeln verletzen, müssen mit gestaffelten Sanktionen rechnen (abhängig von den Ausmaßen und den Umständen des Vergehens), welche von anderen Aneignern,

[341] Cox et al. (2010), S. 4ff. Eine weitere Übersicht über empirische Studien, welche die Bedeutung der Gestaltungsprinzipien untersuchen, ist in Dietz et al (2003), S. 1910ff und Ostrom (2005), S. 258ff zu finden.

	von offiziellen Verantwortlichen der Aneigner, oder von beiden Parteien durchgesetzt werden.
P6	*Konfliktlösungsmechanismen:* Aneigner und ihre Funktionäre haben schnellen Zugang zu kostengünstigen, lokalen Orten um Konflikte unter Aneignern oder zwischen Aneignern und Funktionären zu lösen.
P7	*Minimale Anerkennung des Organisationsrechts:* Die Rechte der Aneigner ihre eigenen Institutionen zu entwickeln und zu verändern wird durch externe Regierungsbehörden nicht eingeschränkt.
Für Allmenden, die Teil größerer Systeme sind:	
P8	*Eingebettete Unternehmen:* Aneignung, Bereitstellung, Überwachung, Durchsetzung, Konfliktlösung und Steuerungsaktivitäten sind in Unternehmen organisiert, die in mehreren Ebenen eingebettet sind.

Tabelle 5: Gestaltungsprinzipien[342]

Klar definierte Grenzen, sowohl in Bezug auf die Nutzer als auch auf das Ressourcensystem, dienen der Verringerung des Trittbrettfahrerverhaltens und der besseren Strukturierung der Situation.[343] Ohne genaue Kenntnisse über die beteiligten Personen und die physische Abgrenzung des Systems ist die Suche nach Problemlösungen nahezu aussichtslos. Das Trittbrettfahrerverhalten wird verringert, indem sowohl positive als auch negative Nutzenänderungen sich ausschließlich auf die Nutzergruppe auswirken. Zwar muss die abgegrenzte Nutzergruppe die Kosten der Aneignung und evtl. auch der Bereitstellung tragen, jedoch kann sie sicher gehen, dass der daraus resultierende Nutzen ausschließlich innerhalb der Gruppe verteilt wird. Eine Nutzergruppe, die über ihre Mitglieder bestimmen kann, wird regelkonforme Nutzer gegenüber nichtkonformen bevorzugen

[342] Übersetzung des Verfasser nach Ostrom (1990), S. 90

[343] Eine beispielhafte Auflistung von „Grenzregeln“ in Fischfanggebieten ist z.B. in Schlager (1994), S. 258 zu finden. Kritik an diesen Regeln u.a. in Nemarundwe und Kozanayi (2003), S. 205.

und Kooperationspartner sind durch die Abgrenzung leichter auszumachen.[344]

Unter *Kongruenz der Aneignungs- und Bereitstellungsregeln* mit lokalen sozialen und ökologischen Bedingungen wird, allgemein gesehen, die Berücksichtigung spezifischer Attribute des Ressourcensystems, der Ressourceneinheiten, der lokalen Traditionen und des soziokulturellen Kontextes verstanden.[345] Ein Beispiel hierzu sind z.B. Änderungen des Bestandes an Ressourceneinheiten, welche in den Regeln reflektiert werden.[346] Die *Kongruenz zwischen Aneignungs- und Bereitstellungsregeln* bezieht sich auf die Legitimierung der Regeln unter den Teilnehmern. Wenn Regeln zur Verteilung der Erträge weitestgehend mit der Kostenverteilung konsistent sind, ist die Erhaltung und nachhaltige Bewirtschaftung des Ressourcensystems wahrscheinlicher.[347] Ein aus Verteilungs- und Gerechtigkeitsgründen von den Nutzern als fair empfundenes System ist ein wesentlicher Bestandteil eines robusten Systems.[348]

Kollektive Entscheidungsstrukturen ermöglichen es den Individuen die operativen Regeln adäquater an lokale Bedingungen anzupassen, da sie unmittelbar mit lokalen Umständen konfrontiert sind und somit möglicherweise die Problemstrukturen genauer identifizieren können als Außenstehende. Desweiteren kann die kollektive Beteiligung an der Entwicklung von Regeln zu einer erhöhten Akzeptanz innerhalb der Nutzer führen.[349] Der Einfluss von Machtstrukturen ist ein wichtiger Bestandteil der kollektiven Entscheidungsprozesse, da die Mög-

[344] Ostrom (1990), S. 91, Ostrom (2005), S. 260ff

[345] Ostrom (1990), S. 92

[346] Siehe z.B. die Praktiken in einem peruanischen Bewässerungssystems in Zeiten von Wassermangel in Guillet (1992), S. 104 oder das Regelsystem in den spanischen Huertas in Ostrom (1990), S. 69ff. bzw. Gautam und Shivakoti (2005), S. 162f als Beispiel für mangelhafte Regeln.

[347] Ostrom (2005), S. 262f, Trawick (2001), S. 13f

[348] Ostrom (2005), S. 263

[349] Ostrom (1990), S. 93, Ostrom (2005), S. 263

lichkeit besteht, dass z.B. „lokale Eliten“ Entscheidungen zu ihren Gunsten beeinflussen.[350]

Eine geringe Anzahl der empirisch untersuchten Allmenden verlässt sich ausschließlich auf Vertrauen und Reziprozität, um der Zuwiderhandlung von Regeln entgegen zu wirken. Die Mehrheit der institutionellen Analysten sieht die *Überwachung der Nutzer und der Ressource* als essentiellen Bestandteil zur Durchsetzung von Regeln.[351] In den meisten Allmendesituationen wählen die beteiligten Akteure die Prüfinstanzen selbst aus. Dies kann entweder durch die Wahl eines offiziellen Kontrolleurs geschehen als auch durch die gemeinsame Selbstkontrolle der Teilnehmer.[352]

Um die Überwachungsmaßnahmen glaubwürdig zu gestalten, führen Regelverstöße zu *gestaffelten Sanktionen*. Die in Feldstudien beobachteten anfänglichen Sanktionen sind äußerst gering, sodass sich kaum Auswirkungen auf die individuellen Kosten-Nutzen Rechnungen ergeben. Der entscheidende Aspekt dieser geringen Strafzahlungen ist die Information anderer Individuen über einen erfolgten Regelverstoß, sowie die Tatsache, dass nonkonformes Verhalten aufgedeckt und geahndet werden kann.[353] Ein einmaliger Verstoß gegen geltende Regeln kann aus unterschiedlichen Gründen erfolgen, wie z.B. versehentliche Fehler oder auch persönliche Probleme, die zu diesem Verhalten führen. Aus diesem Grund steigt die Intensität der Sanktionen mit der Häufigkeit des nonkonformen Verhaltens. Die von Margaret Levi bezeichnete „quasi-freiwillige“ Kooperation durch gestaffelte Sanktionen, gehört nach den Ergebnissen von Fallstudien

[350] Platteau (2004), S. 226ff. Eine Studie über die Abhängigkeit der Erhaltung von Bewässerungssystemen von der Regelbildung durch lokale Eliten ist in Bardhan (2000), S. 854ff zu finden.

[351] Ein Beispiel für die Konsequenzen inadäquater Überwachung liefert Schweik (2000), S. 105ff.

[352] Ostrom (2005), S. 265

[353] Ostrom (1990), S. 94f, Ostrom (2005), S: 266f

zur effektiveren Methode, um kooperatives Verhalten in selbstverwalteten Allmenden zu fördern, als vollkommen freiwillige oder auch erzwungene Kooperation.[354]

Trotz der bereits erwähnten Gestaltungsprinzipien können Unstimmigkeiten, wie z.B. unterschiedliche Interpretationen von Regeln oder differierende Machtverhältnisse, niemals vollständig egalisiert werden. Daher bedarf es kostengünstiger und lokaler *Konfliktlösungsmechanismen.* Selbst im Falle des regelkonformen Verhaltens können diese Strukturen als Diskussionsplattformen z.B. über das Verständnis von Regeln, welche für die Kontinuität des Systems bedeutend sind, dienen.[355]

Das Prinzip der *minimalen Anerkennung des Organisationsrechts* schreibt eine möglichst geringe Einflussnahme staatlicher Behörden auf die Regelentwicklung und –änderung vor. Regeln einer externen Regierungsstelle ohne spezifische Betrachtung oder Kenntnis der lokalen Bedingungen können unter Umständen zu kontraproduktiven Ergebnissen führen.[356] Sofern Regierungen lokale Regeln minimal legitimieren, können Akteure diese gegebenenfalls besser durchsetzen als staatliche Angestellte.[357] Dies bedeutet jedoch nicht, dass eine erfolgreiche Selbstverwaltung unter staatlichen Regeln unmöglich ist.[358]

Insbesondere in großen Allmenden und/oder Gruppen scheinen e*ingebettete Unternehmen* zusätzlich zu den bereits erläuterten Gestaltungsprinzipien für den langfristigen Bestand der Selbstverwaltung

[354] Levi (1988), S.52, Ostrom (2005), S. 267
Siehe z.B. die Auswirkungen eines detaillierten Sanktionssystems auf das Waldmanagement in Indien in Ghate und Nagendra (2005), S. 515ff.

[355] Ostrom (1990), S. 94ff, Ostrom (2005), S. 267f
Ein Beispiel über Schwierigkeiten im Falle der Abwesenheit von Konfliktlösungsmechanismen ist in Rout (2006), S. 12f zu finden.

[356] Agrawal und Gibson (1999), S. 638, Hayek (1945), S. 524f

[357] Ostrom (2005), S. 268

[358] Johnson und Libecap (1982), S. 1006ff

von Bedeutung zu sein. Das heißt, dass Organisations- und Steuerungseinheiten von kleinen Teilbereichen der Allmende in größere Organisationseinheiten eingebettet werden. Sie ermöglichen die Unterscheidung von Angelegenheiten und Verantwortlichkeiten kleiner Subsysteme der Allmende und übergeordneten Angelegenheiten, welche z.B. das gesamte Ressourcensystem und/oder die gesamte Nutzergruppe betreffen.[359] Dadurch können potentielle Probleme entweder an den auftretenden Stellen, oder sofern sie sich auf das gesamte System auswirken von einer übergeordneten Einheit bearbeitet werden.[360]

In Kapitel 4.2.2.2. ergab sich die Frage der Koordinierung des individuellen hin zu kooperativen Verhalten. Mittels der institutionellen Gestaltungsprinzipien kann nun ein Erklärungsmuster geboten werden: Wenn Aneigner einer Allmende gemeinsam, unter minimaler Beeinträchtigung durch staatliche Behörden (P7), eigene operative Regeln erstellen (P3), welche unter anderem die Rechte zur Ressourcenentnahme definieren (P1), lokale Bedingungen und Verteilungsaspekte beachten (P2) und von Individuen, die lokale Nutzer oder für diese rechenschaftspflichtig sind, durchgesetzt werden (P4) indem gestaffelte Sanktionen als Druckmittel dienen (P5) und in Problemfällen lokale, kostengünstige Konfliktlösungsmechanismen zur Verfügung stehen (P6), können die grundlegenden Allmendeprobleme der Übernutzung und des Trittbrettfahrerverhaltes einer Lösung näher gebracht werden.[361]

Die Gegebenheit, dass mancher Faktor sowohl für die Entstehung als auch für die Robustheit der Institutionen verantwortlich ist, verdeutlicht die enge und komplexe Beziehung zwischen den Ursprüngen und der langfristigen Existenz der Selbstverwaltung.

[359] Ostrom (1990), S. 101f, Ostrom (2005), S. 269f

[360] Siehe z.B. das Organisationsschema in den spanischen Huertas in Ostrom (1990), S. 69ff. Eine Übersicht über eingebettete Unternehmen ist in Choe (2004), S. 1940ff zu finden.

[361] Ostrom (1990), S. 99ff

4.3.3. Kritik der Faktorenwahl und der Einfluss des Staates

Die Gestaltungsprinzipien für robuste Selbstverwaltungssysteme stellen keineswegs unumstrittene Prinzipien dar, sondern sehen sich einer Reihe von Kritikpunkten ausgesetzt. Die Kritik lässt sich nach Cox et al. in drei Bereiche unterteilen: die Unvollständigkeit der Faktoren, die Generalisierung und den methodischen Ansatz.[362]

4.3.3.1. Generelle Kritik

Durch die Zusammenführung dreier bedeutender Studien über langfristige Erfolgsfaktoren selbstverwalteter Allmenden (s.o.) und Ergebnisse weiterer Publikationen benennt Agrawal letztendlich 33 Faktoren des „erfolgreichen" Managements von Allmenden.[363] Zu den zusätzlichen Größen, welche in 4.3.2. nicht enthalten sind, zählen z.B. Ressourcenfaktoren wie Ressourcenfluss und Speicherkapazität des Systems,[364] Gruppengröße, homogene Interessen und Identität und heterogene Ausstattungen[365] oder auch externe Faktoren wie nationale Gesetzgebung, demographische Veränderungen, Technologie und ökonomische Rahmenbedingungen.[366] Neben der Tatsache, dass die Faktoren längst nicht alle Einflussgrößen für robuste Selbstverwaltungssysteme aufzeigen und selbstverständlich keine Garantie für die langfristige Erhaltung eben dieser geben,[367] können sie isoliert betrachtet nicht den Erfolg oder Misserfolg beschreiben. Die Vernetzun-

---

[362] Cox et al. (2010), S. 12ff, Gautam und Shivakoti (2005), S. 154
[363] Agrawal (2002), S. 65
Eine Übersicht über diese Faktoren ist in Agrawal (2002), S. 62f zu finden.
[364] Schlager et al. (1994), S. 295ff
[365] Baland und Platteau (1996), S. 344f
[366] Agrawal (2002), S. 56
[367] Cleaver (2002), S. 28

gen der Faktoren haben erheblichen Einfluss auf Ergebnisse kollektiven Handelns und stellen laut Stern et al. eine bisher ungenügend erforschte Einflussgröße in der Institutionenforschung dar.[368]

Ein weiterer Kritikpunkt bezieht sich auf die Generalisierung der Gestaltungsprinzipien. Die Grundeigenschaft von Fallstudien, aus welchen Erfolgsfaktoren abgeleitet werden, besteht darin, dass Allmendesituationen aus einer Mikroperspektive betrachtet werden, und externe Einflüsse wie nationale Gesetzgebung, demographische Veränderungen, Technologie und ökonomische Rahmenbedingungen aus dieser Sichtweise konstante Variablen darstellen.[369] Die Absicht hinter der Identifizierung von Entstehungs- und langfristigen Bestandsfaktoren ist aber eine Generalisierung für eine möglichst große Anzahl an Allmendesituationen. Im Rahmen der Generalisierung von Argumenten gewinnt der allgemeine Kontext und dessen Einfluss auf die einzelne zu betrachtende Situation erhebliche Bedeutung, weshalb eine Vernachlässigung dieser Faktoren die Verallgemeinerung erschwert.[370]

Ein letzter Kritikpunkt abseits der Unvollständigkeit und Verallgemeinerung der Variablen bezieht sich auf den Ansatz der Analyse. Einerseits fordern Kritiker die Fokussierung auf eine historische, soziale und ökologische Perspektive des individuellen Handelns, die sich von einer das rationale Individuum voraussetzenden ebenso abgrenzt, wie von einer Nutzergemeinschaft ohne interne Konflikte oder Heterogenität.[371] Andererseits konzentriert sich die Kritik in diesem Bereich auf die mangelhafte Betrachtung der Komplexität von Allmendesituationen. Durch die rigide Abstrahierung der umfassenden ökologischen und sozialen Rahmenbedingungen, unter Vernachlässi-

368 Stern et al. (2002), S. 477f
369 Cox et al. (2010), S. 12f, Stern et al. (2002), S. 474ff
370 Agrawal (2002), S. 59, Berkes (2006), S. 1f, Sengupta (2004), S. 6f
371 Klooster (2000), S. 3ff, Leach et al. (1999), S. 226ff, Ostrom (2008), S. 11

gung oben genannter Faktoren, seien die Gestaltungsprinzipien unvollständig und könnten daher reale Situationen nur bedingt beschreiben.[372]

Eine explizite Berücksichtigung der soeben erwähnten unterrepräsentierten Variablen würde die Analyse selbstverständlich detaillierter machen und komplexeren Ansprüchen genügen. Fehlende Faktoren in 4.3.2. werden jedoch einerseits teilweise durch die in 4.3.1. genannten Voraussetzungen abgedeckt, andererseits verweist auch Agrawal auf die Bedeutung der Gestaltungsprinzipien und ihrer fundierten Verbindung zwischen Theorie und Empirik.[373] Mehrfach betont Ostrom die Gefahr, die Faktoren als „blueprints" zu verwenden, d.h. eine unreflektierte Anwendung mit der Ansicht, dass dies die alleinige und stets zum Erfolg führende Lösung ist. Die Regeln müssten an die situationsspezifische biophysische Umwelt und die Art der Gemeinschaft angeglichen werden und bieten in diesem Zusammenhang eine gute Grundlage, jedoch nicht eine vollkommene Lösungsstrategie.[374]

4.3.3.2. Der Einfluss staatlicher Faktoren

In vielen Ländern wird die Allokation und Koordination komplexer Wassersysteme generell durch Staaten gelenkt.[375] Da im abschließenden Abschnitt dieser Arbeit die BRD untersucht wird, ist der Einfluss staatlicher Faktoren von erheblicher Bedeutung.[376] Staatliche Einflüsse bedeuten dabei nicht notwendigerweise aufoktroyierte Zwänge zur Selbstregelung. Vielmehr können Regierungen kooperatives Verhalten

[372] Cleaver (1999), S. 601ff, Cox et al. (2010), S. 13,
[373] Agrawal (2002), S. 46, 49
[374] Ostrom (2008), S. 16ff, Stern et al. (2002), S. 456f
[375] Sturm und Weimann (2001), S. 52
[376] Auch wenn Ostrom (1990) die Rolle des Staates nicht theoretisch abhandelt, sind eine Reihe der Fallstudien von staatlichen Faktoren abhängig. Siehe hierzu z.B. das Wassermanagement in Los Angeles, S. 111ff.

in vielen, mannigfaltigen Weisen beeinflussen.[377] Die Ermöglichung von Selbstverwaltungssystemen stellt in diesen Fällen eine Form der Dezentralisierung dar, bei der eine zentrale Regierungsbehörde das Recht, über Ressourcen zu entscheiden, in unterschiedlichen Ausmaßen an lokale Akteure abtritt.[378] Bereits in Nutzerfaktor A5 und Gestaltungsprinzip P7 wird der Staat explizit erwähnt, wobei in beiden Fällen auf eine möglichst geringe staatliche Intervention hingewiesen wird. Darüber hinaus können zentrale oder regionale Regierungen jedoch ebenso kollektive Entscheidungsmuster unterstützen, indem Informationssysteme oder auch Überwachungsfunktionen in manchen Fällen eventuell einfacher von Regierungsbehörden bereitgestellt werden können.[379] Die Abwesenheit staatlicher Einflüsse ist somit keine notwendige Voraussetzung für die Selbstverwaltung. Ostrom bezeichnet Systeme, die Individuen die Möglichkeit zur Organisationsbildung auf unterschiedlichen Ebenen bieten, als polyzentrisch.[380] In Bezug darauf können auf der institutionellen Ebene, insbesondere der der konstitutionellen Entscheidungen, auch Regierungsorganisationen existieren. Diese Art der Selbstverwaltung kann unter gewissen Umständen zu einer effektiveren Problemlösungsstrategie beitragen als vollkommen dezentralisierte Selbstverwaltungssysteme.[381] Die lokale Selbstverwaltung ist dabei in ein System mit Organisationen unterschiedlicher Ebenen eingebettet, welche z.B. Überwachungsaufgaben übernehmen oder Konfliktlösungsmechanismen in Form eines Gesetzesapparates zur Verfügung stellen. In diesem Zusammenhang wird dem Staat im Einklang mit den ökonomischen Grundlagen die Rolle des Rahmengebers zugeschrieben.

---

[377] Anthony und Campbell (2011), S. 286f, Ostrom (2000b), S. 35

[378] Agrawal und Ribot (1999), S. 475, Agrawal und Ostrom (2001), S. 488, Campbell und Lindberg (1990), S. 638ff

[379] Agrawal und Gibson (1999), S. 638f

[380] Ostrom (1999), S. 493, Ostrom (2010), S. 643

[381] Ostrom (1999), S. 525ff

Da oben genannte Faktoren auf die Ausmaße staatlicher Intervention eingehen, untersucht der folgende Abschnitt den Einfluss des Staates durch die Allokation unterschiedlicher Arten von Eigentumsrechten.

Eigentumsrechte sind nach Schlager und Ostrom „durchsetzbare Befugnisse um bestimmte Handlungen in einer spezifischen Umgebung zu tätigen“[382]. Zur Unterscheidung unterschiedlicher Ausprägungen der Verantwortungsübertragung können Eigentumsrechte bei der Nutzung von Allmenden in vier Kategorien untergliedert werden (Tabelle 6): Entnahme, Management, Ausschluss und Besitzübertragung.

Entnahme ist das Recht, ein festgelegtes physisches Gebiet zu betreten und Ressourceneinheiten oder Produkte eines Ressourcensystems anzueignen (z.B. Aneignung von Wassereinheiten).
Management ist das Recht, interne Gebrauchsmuster zu regulieren und die Ressource durch Verbesserungen umzugestalten (z.B. Aneignungsstrukturen zu verändern oder Wasserqualitätsverbesserungen durchzuführen).
Ausschluss ist das Recht, festzulegen welche Akteure das Recht zur Entnahme besitzen und wie dieses Recht übertragen werden könnte.
Besitzübertragung ist das Recht, Entnahme-, Management- und Ausschlussrechte zu verkaufen oder zu verpachten.

Tabelle 6: Arten der Eigentumsrechte[383,384]

[382] Schlager und Ostrom (1992), S. 250

[383] Übersetzung des Verfassers nach Agrawal und Ostrom (2001), S. 489, Schlager und Ostrom (1992), S. 250f

[384] Schlager und Ostrom (1992), S. 250ff unterscheiden zusätzlich zwischen dem Recht des Zugangs und der Entnahme. Diese Unterscheidung wird mit Hinblick auf Kapitel 5 aus Gründen der Vereinfachung bewusst unter dem Recht der Entnahme zusammengefasst, da implizit durch die Erteilung eines Entnahmerechts auch Zugangsrechte zu einer Wasserressource gewährt werden.

Diese Rechte werden auf der institutionellen Ebene unterschieden. Das Entnahmerecht bezieht sich ausschließlich auf die operative Ebene. Das Recht des Managements betrifft die kollektiven Entscheidungsforen, indem Inhaber über spezifische Ausprägungen des operativen Entnahmerechtes und über strukturelle Änderungen der Ressource entscheiden können. Ebenso bezieht sich das Recht des Ausschlusses auf die Ebene der kollektiven Entscheidung, da Inhaber die operativen Zugangsbedingungen von Individuen festlegen können. Als letztes Recht auf der kollektiven Entscheidungskompetenz ist das Recht zur Besitzübertragung zu nennen. Inhaber dieses Rechts sind autorisiert, Teile oder auch gesamte kollektive und operative Rechte auf andere Individuen oder Gruppen zu übertragen.[385] Um einzelne Rechte auf lokale Gemeinschaften übertragen zu können, sind darüber hinaus eventuell Änderungen auf der Ebene der konstitutionellen Entscheidung notwendig.[386]

	Eigentümer	Besitzer	Anspruchs-berechtigter	Autorisierter Nutzer
Zugang und Entnahme	X	X	X	X
Management	X	X	X	
Ausschluss	X	X		
Besitzübertragung	X			

Tabelle 7: Rechtebündel und Inhaber[387]

Auf Basis der Eigentumsrechte können Inhaber von Rechten nach dem Grad der Befugnisse unterschieden werden (Tabelle 7). *Autorisierte Nutzer* verfügen lediglich über das Recht zur Entnahme und müssen sich entsprechend der operativen Regeln verhalten. Folglich

[385] Schlager und Ostrom (1992), S. 251
[386] Agrawal und Ostrom (2001), S. 489
[387] Übersetzung des Verfassers nach Schlager und Ostrom (1992), S. 252

verfügen sie über keine individuellen Gestaltungsmöglichkeiten der Regeln. Inhaber von Entnahmerechten und Managementrechten werden als *Anspruchsberechtigte* bezeichnet. Das Rechtebündel Anspruchsberechtigter hat insbesondere aufgrund der unterschiedlichen lokalen Bedingungen innerhalb von Staaten eine hohe Bedeutung. Die differierenden lokalen Zustände erschweren eine einheitliche Erstellung von Managementregeln durch zentrale Regierungen, da eine Vielzahl spezifischer Informationen über lokale Variablen und Zusammenhänge erforderlich ist. Aus diesem Grund sind lokale Informationen eine wichtige Voraussetzung für effektive Managementregeln.[388] Die Übertragung operativer Rechte und Managementrechte kann zu Kosteneinsparungen in zentralen Regierungsbehörden führen und Nutzern dieser Kategorie die Möglichkeit der Anpassung von Regeln an lokale Bedingungen einräumen.[389] Zusätzlich zu den Rechten der Anspruchsberechtigten verfügen *Besitzer* über das Recht des Ausschlusses. Hierdurch wird die Sicherheit der beteiligten Akteure erhöht, dass sie eventuelle Trittbrettfahrer vom Konsum der Ressourceneinheiten ausschließen können und demnach mögliche Verbesserungen des Ressourcensystems ausschließlich den autorisierten Nutzern zugutekommen. Sofern die Rechte anerkannt werden und Sicherheit über deren Bestand besteht, kann dieses Rechtebündel als ausreichend angesehen werden, damit Nutzer Regeln über langfristige Investitionen in das Ressourcensystem und lokal angepasste operative Regeln entwickeln.[390] Besitzen Akteure die gesamten vier Eigentumsrechtsarten, werden sie als *Eigentümer* bezeichnet. Das Recht der Besitzübertragung ist jedoch nicht uneingeschränkt anwendbar und kann nicht zum Schaden Anderer durchgesetzt werden. Diese Art der

[388] Agrawal und Gibson (1999), S. 638, Agrawal und Ostrom (2001), S. 490,
[389] Ostrom (1990), S. 204f
[390] Agrawal (1996), S. 6, Agrawal und Gibson (1999), S. 638, Agrawal und Ostrom (2001), S. 491, Schlager und Heikkila (2004), S. 12, Trawick (2001), S. 12ff

Rechteübertragung stellt die umfassendste Form dar und würde den Inhabern eine größtmögliche Handlungsfreiheit gewähren.[391] Für die Entstehung von selbstverwalteten Systemen ist dies jedoch nicht unbedingt erforderlich. Eine Reihe von Studien über Allmenderessourcen kommt zu dem Ergebnis, dass das Rechtebündel von Besitzern ausreichend ist, um z.B. Regeln über Nutzer- und Ressourcengrenzen, Entnahmeregeln oder auch Sanktionierungs- und Überwachungsmechanismen einzuführen.[392] Abseits dieser Argumentationslinie sollte plausibel sein, dass mit der steigenden Inhaberschaft von Rechtebündeln auch vermehrt Möglichkeiten zu lokalen Interaktionen zwischen Akteuren bestehen. In Verbindung mit der bisherigen Theorie steht jede Art des Rechtebündels in Verbindung mit Informationsflüssen, Regelbildung, Überwachung und Durchsetzung von Regeln. All diese Aspekte wiederum wirken sich auf die Transaktionskosten der Interaktionen aus,[393] die in die individuellen Kosten-Nutzen Analysen einfließen und somit die Entstehung und den Wandel von Institutionen beeinflussen.

Die Veränderung von Eigentumsrechten birgt selbstverständlich weitere Problemfelder und Fragen in sich, wie z.B. die praktische Durchsetzung, soziale Gerechtigkeitsaspekte oder auch daraus folgende Heterogenität unter den Akteuren.[394] Es sollte evident sein, dass Staaten mit unterschiedlichen Methoden sehr wohl einen Einfluss auf die Entwicklung und Entstehung von Selbstverwaltungen besitzen. Mittels der Übertragung von spezifischen Rechten, d.h. der Generierung eines bestimmten institutionellen Rahmens, können Interaktionen zwischen Individuen gefördert und Transaktionskosten verringert werden. Die Analyse der Ressourcen- und Nutzerfaktoren hat aufge-

---

[391] Vor- und Nachteile eines vollkommen dezentralisierten Systems sind z.B. in Ostrom (1999), S. 525ff zu finden.

[392] Agrawal (1994), Lam (1994)

[393] Paavola und Adger (2005), S. 357

[394] Anthony und Campbell (2011), S. 286, Blomquist und Schlager (1997), S. 3

zeigt, dass die alleinige Existenz dieser Rahmenbedingungen eine Entstehung von Selbstverwaltungssystemen keineswegs sicherstellt. Neben den erwähnten Faktoren spielen weitere bisher noch weniger erforschte Einflussgrößen und Interdependenzen eine entscheidende Rolle. Insgesamt kann dennoch resümiert werden, dass bestimmte Rahmenbedingungen, zu welchen auch formelle Institutionen wie Eigentumsrechte zählen, die Wahrscheinlichkeit kollektiven Handelns von Individuen erhöhen. Aus diesem Grund sollten staatliche Faktoren stets Gegenstand einer Analyse von Selbstorganisation sein.

5. Wasserversorgung in der BRD

Die Wasserversorgung der BRD wird in den Publikationen der Bundesregierung generell als ein äußerst funktionsfähiges und fortschrittliches System beschrieben.[395] Beginnend mit den ökologischen und institutionellen Grundlagen dieses Systems werden die relevanten Ergebnisse im zweiten Abschnitt des Kapitels mittels ausgewählter Faktoren für das Zustandekommen von Selbstverwaltungssystemen untersucht, um daraufhin eine generelle Aussage über das Potenzial von Selbstorganisation zu treffen. Daran anschließend wird am Beispiel der Wasser-Genossenschaft Ellerhoop eine mögliche Ausprägung der Selbstverwaltung aufgezeigt, wobei auch auf Besonderheiten der grundlegenden Allmendeproblematiken in der BRD eingegangen wird. Eine abschließende Diskussion erörtert daraufhin Probleme und Potenziale zur Selbstverwaltung.

5.1. Grundlagen der Wasserversorgung

Für ein grundlegendes Verständnis der Wasserversorgung in der BRD ist eine Differenzierung unterschiedlicher Teilbereiche sinnvoll. Zu diesem Zweck wird im Folgenden neben dem ökologischen Faktor des Wasserdargebots auf die Wassernutzung, die formellen institutionel-

[395] UBA (2010a) und UBA (2010b)

len Rahmenbedingungen und spezifische Regelungsinstrumente am Beispiel der Preiskontrolle eingegangen.

5.1.1. Wasserdargebot und Wassernutzung

Deutschland zählt mit einem im langjährlichen Mittel verfügbaren Wasserdargebot, welches potentiell verfügbares Wasservolumen für die Bewirtschaftung angibt, von 188 Mrd. km³ zu den wasserreichen Staaten. Demgegenüber stand im Jahr 2007 eine entnommene Wassermenge in Höhe von 32 Mrd. m³, was ca. 17% des Wasserdargebotes entspricht. Der Großteil des entnommenen Wassers (61,5%) geht überwiegend auf Kühlanlagen in Wärmekraftwerken zurück, wohingegen Bergbau und verarbeitendes Gewerbe mit 22,5% und die öffentliche Wasserversorgung mit 16% relativ geringe Anteile ausmachen (Abbildung 7).

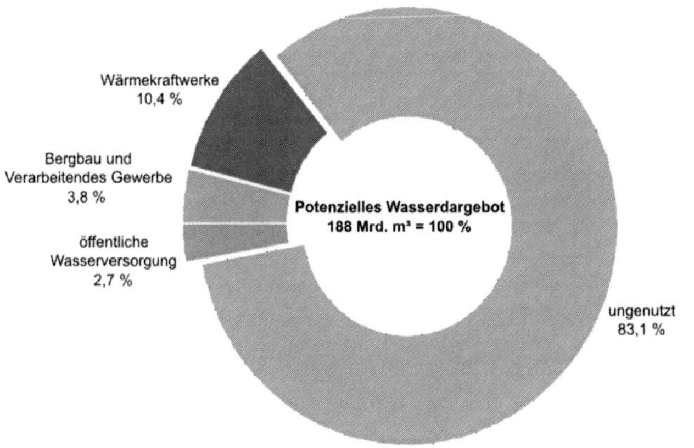

Abbildung 7: Wasserdargebot und Wassernutzung 2007 [396]

[396] UBA (2011)

Auch wenn im gesamtdeutschen Durchschnitt lediglich ca. 17% des Wasserdargebotes genutzt werden, weist eine regionale Betrachtung insbesondere in Teilen Ostdeutschlands erhöhte Trockenperioden und Wassermangel auf.[397] Zusätzlich wird sich in diesen Regionen nach Berechnungen aus Klimamodellen die Gefahr von Dürren erhöhen; divergierende Nutzungsinteressen werden an Bedeutung gewinnen.[398] Die regional unterschiedliche Veränderung der verfügbaren Wassermenge wirkt sich dementsprechend auf die regionale Regenerationsrate des Grundwassers aus. Während für Mittel- und Süddeutschland eine steigende Regenerationsrate geschätzt wird, gehen Studien von einem Rückgang in ostdeutschen Regionen aus.[399] Neben dem Wasserdargebot ist die Wasserqualität für die Nutzung von entscheidender Bedeutung. Trotz der erheblichen Verbesserungen des qualitativen Zustands der Grundwasservorkommen innerhalb der letzten Jahre, wurden im Jahr 2010 nach den Grenzwerten der europäischen Wasserrahmenrichtlinie[400] 37% aller Grundwasserkörper als in einem chemisch schlechten Zustand bezeichnet.[401] Demgegenüber sind Oberflächengewässer wie Seen zu 92% und Fließgewässer zu 88% in chemisch gutem Zustand.[402]

In Bezug auf die Wassernutzung ist ein rückläufiger Trend in allen Sektoren auszumachen. Der tägliche Pro-Kopf Wasserverbrauch reduzierte sich von 147 Liter im Jahr 1990 auf 122 Liter in 2007 und wird nach Schätzungen von Seckler et al. (1998) vermutlich weiter absin-

[397] Kahlenborn und Kraemer (1998), S. 6f, Zebisch et al. (2005), S. 47f
[398] Zebisch et al. (2005), S. 167f
[399] BMU (2008), S. 47
[400] Im Folgenden abgekürzt als WRRL.
[401] Siehe UBA (2010b), S. 16ff für eine geographische Übersicht über die Grundwasserkörper.
Nähere Informationen zur WRRL siehe EG (2000).
[402] UBA (2010b), S. 60, 71
Ein guter ökologischer Zustand wird jedoch lediglich 10% der Oberflächengewässerkörper attestiert.

ken.[403] Zudem muss bei der Wassernutzung zwischen Eigenversorgung und der Versorgung durch das öffentliche Leitungsnetz unterschieden werden. Während Industrie, verarbeitendes Gewerbe und Landwirtschaft ihren Wasserbedarf zu ca. 95% aus eigenen Anlagen decken und das benötigte Wasser zu 90% aus Oberflächenwasser (Industrie) bzw. zu 85% aus Grund- und Quellwasser (Landwirtschaft) beziehen, ist diese Versorgungsform bei den Haushalten sehr gering ausgeprägt.[404] In der öffentlichen Trinkwasserversorgung dominiert die Wassergewinnung aus Grundwasser (61,6%), gefolgt von Oberflächenwasser (22,2%), Quellwasser (8,3%) und Uferfiltrat (8%)[405].

5.1.2. Rahmenbedingungen der Wasserversorgung

5.1.2.1. Grundlegende Organisation der Wasserwirtschaft

Die grundlegende Organisation der Wasserwirtschaft in der BRD gliedert sich grob nach dem Schema der konstitutionellen Entscheidungen, der kollektiven Entscheidungen und der operativen Entscheidungen. Auf Ebene des Bundes ist das Bundeministerium für Umwelt[406] für Grundsatzfragen der Wasserwirtschaft, wie z.B. dem Wasserhaushaltsgesetz[407], dem Abwasserabgabengesetz und auch der Gewässergüte verantwortlich. Zur Umsetzung dieser Aufgaben bestehen Kooperationen zwischen dem BMU und weiteren Ministerien, welche

[403] UBA (2010a), S. 76, Seckler et al. (1998), S. 30
Dieser tägliche pro-Kopf Verbrauch spiegelt jedoch ausschließlich das in der BRD entnommene Wasser wider. Der virtuelle Wasserfussabdruck, welcher das zur Produktion eines Gutes benötigte Wasser anhand der Konsumgewohnheiten aufsummiert, liegt deutlich über dem in der BRD täglich genutztem Wasser. Siehe hierzu: www.waterfootprint.org

[404] UBA (2010a), S. 75

[405] Statistisches Bundesamt (2009), S. 10

[406] Im Folgenden abgekürzt als BMU.

[407] Im Folgenden abgekürzt als WHG.

teilweise eigenständige Aufgaben der Wasserwirtschaft wahrnehmen, sowie mit Bundesbehörden und Forschungseinrichtungen.[408] Der Vollzug der allgemeinen wasserwirtschaftlichen Regelungen findet auf der Ebene der Länder und Kommunen statt. Neben länderspezifischen Unterschieden wird die Verwaltung in drei Instanzen unterteilt. Die Steuerung der Wasserwirtschaft und übergeordneter Verwaltungsverfahren ist Aufgabe der Landesministerien. Regionale wasserwirtschaftliche Planungen und bedeutsame wasserrechtliche Verfahren werden auf der Ebene der Bezirksregierungen, Regierungspräsidien oder Landesämter durchgeführt, während Kreise, kreisfreie Städte und technische Fachbehörden die Aufgabe der wasserrechtlichen Verfahren, Fachberatung, Überwachung von Gewässern und Gewässernutzungen innehaben.[409]

Die Realisierung der Wasserversorgung ist Aufgabe der Kommunen und wird durch 6211 Unternehmen durchgeführt. Deren Hauptaufgabe besteht in der Trinkwasserbereitstellung für Haushalte, kommunale Einrichtungen und kleineren Gewerbeunternehmen.[410] Die Versorgung von 86,1 Mio. Einwohnern im Jahr 2007 entspricht dabei einer Anschlussquote an die öffentliche Wasserversorgung von 99%.[411]

Zur Durchführung der Wasserversorgung haben sich neben dem kommunalen Regiebetrieb aufgrund der zunehmenden Technisierung und damit verbundenen Kostenanstiegen und kommunalen Finanzierungslücken weitere Organisationsformen entwickelt, welche teilweise durch Landesrechte bestimmt werden.[412] Generell verbleibt die Ver-

[408] UBA (2010a), S. 28
[409] Ebd., S. 26ff
Eine Übersicht über länderspezifische Unterschiede ist in Tabelle 3, UBA (2010a), S. 29f zu finden.
[410] Ebd., S. 75
[411] Statistisches Bundesamt (2009), S. 12
[412] UBA (2010a), S. 31, BMU und UBA (2001), S. 13

antwortung für die Aufgabenerfüllung stets in der Hand der Kommunen oder deren Zweckverbänden. Dies ist ein wichtiger Aspekt für die Selbstverwaltung in der Wasserversorgung.

5.1.2.2. Institutionelle Rahmenbedingungen

Die EU-weiten Rahmenrichtlinien zur Bewirtschaftung von Wasserressourcen sind in der seit dem 22.12.2000 in Kraft getretenen WRRL festgehalten und müssen von den Mitgliedsstaaten der Europäischen Union umgesetzt werden.[413] Auf Ebene der BRD sind die grundlegenden formellen, institutionellen Rahmenbedingungen durch das WHG festgelegt,[414] welches wesentliche Bestimmungen über Wasserentnahme, Abwassereinleitung und Gewässergüte definiert. Grundsätzlich gilt hierbei das Vorsorgeprinzip, das die ökologischen Funktionen des Wassers hervorhebt und somit bei der Wasserbewirtschaftung „vermeidbare Beeinträchtigungen"[415] des Ökosystems zu unterlassen sind.[416] Generell obliegt in Deutschland die Bewirtschaftung der Wasservorkommen dem Staat, wohingegen die lokale Wasserversorgung nach § 28 Abs. 2 des Grundgesetzes unter die kommunale Selbstverwaltung fällt und Aufgabe der Daseinsfürsorge ist.[417] Entscheidungen über Wassernutzungen und Zulassungen zur Entnahme von Wasser oder dem Einleiten von Stoffen werden ebenso auf lokaler Ebene

---

Neben dem Regie- oder Eigenbetrieb, welche durch den Betrieb der Gemeinde charakterisiert sind, bestehen die Organisationsformen der Eigengesellschaft, des Betreibermodells und des Zweckverbandes. Unterschiede der einzelnen Organisationsformen sind in UBA (2010a), S. 31 zu finden.

[413] EG (2000)

[414] WHG (2009)

[415] UBA (2010a), S. 35

[416] Ebd., S. 35

[417] GG (2011), § 28 Abs. 2, WHG (2009), § 50 Abs. 1

durch die zuständigen Wasserbehörden getroffen (Bewirtschaftungsermessen).[418] Abseits dieser generellen Regelungen sind Anforderungen an Trinkwasser explizit in der Trinkwasserverordnung aufgeführt.[419] Neben Aspekten der Trinkwasserqualität sind insbesondere „die Pflichten des Betreibers einer Wasserversorgungsanlage und die Überwachung des Betreibers durch Gesundheitsämter in hygienischer Hinsicht“[420], sowie die juristische Einordnung im Falle von Regelverstößen festgelegt.[421] Diese institutionellen Rahmenbedingungen auf Bundesebene werden auf Ebene der Landesregierungen weiter konkretisiert und auf kommunaler Ebene in der Regel durch exakte Kennzahlen ausformuliert, wobei Regelungen höherer Ebenen eingehalten werden müssen.[422] Bezüglich des Wasserhaushaltes verfügt der Bund über die konkurrierende Gesetzgebungskompetenz und kann somit auch „detaillierte wasserwirtschaftliche Regelungen“[423] erlassen.

5.1.2.3. Spezifische Regelungsinstrumente am Beispiel der Preiskontrolle[424]

Aus ökonomischer Sicht sind insbesondere die institutionellen Rahmenbedingungen hinsichtlich des natürlichen Monopolcharakters der Wasserversorgung und der daraus resultierenden Preisgestaltung von Interesse. Generell gilt hierbei das Kostendeckungsprinzip, wonach neben operativen Kosten des laufenden Betriebs, wie z.B. Kosten der Wassergewinnung, Aufbereitung, Speicherung und Verteilung, auch

[418] UBA (2010a), S. 35
[419] TrinkwV (2001)
[420] UBA (2010a), S. 39
[421] TrinkwV (2001), §§ 4ff, 13ff, 18ff, 24f
[422] BMU und UBA (2001), S. 12
[423] UBA (2010a), S. 26
[424] Der Preis bezeichnet in der hier verwendeten Terminologie sowohl Gebühren, welche von öffentlich-rechtlichen Trägern erhoben werden, als auch privatrechtliche Preise.

langfristige Kapitalkosten, welche Infrastrukturinvestitionen und Gewässerschutz beinhalten, durch die Preisgestaltung abgedeckt werden sollen.[425] Aufgrund differierender sozialer, geografischer und hydrologischer Bedingungen können keine einheitlichen Preisstrukturen gebildet werden und die tatsächliche Ausgestaltung des Preises ist regional unterschiedlich.[426] Abhängig von der Organisationsform unterliegt die Preisaufsicht bei öffentlich-rechtlichen Versorgern dem Kommunalrecht und bei privatrechtlichen Versorgern dem Kartellrecht. Im kommunalen Gebührenrecht sind die Grundprinzipien der Preisbildung die Kostendeckung, die Gleichbehandlung und die Äquivalenz.[427] Neben dem bereits erläuterten Kostendeckungsprinzip fordert das Äquivalenzprinzip ein angemessenes Verhältnis zwischen Preis und der zu erbringenden Leistung, während das Gleichbehandlungsprinzip eine „willkürliche Ungleichbehandlung der Verbraucher"[428] ausschließen soll.[429] Die Preiskontrolle privat-rechtlicher Versorger unterliegt der kartellrechtlichen Missbrauchsaufsicht des Gesetzes gegen Wettbewerbsbeschränkungen. Dabei wird die Ausgestaltung der Preise anhand von Vergleichen mit „gleichartigen" Versorgern geprüft.[430] Neben der Entgeltgestaltung existieren weitere spezifische Regelungsinstrumente wie z.B. die Abwasserabgabenverordnung, auf die in diesem Rahmen jedoch nicht näher eingegangen wird.

[425] EG (2000), Artikel 9 in Verbindung mit Anhang III
[426] UBA (2010a), S. 80
[427] Ebd., S. 80f
[428] ATT et al. (2011), S. 23
[429] Ebd., S. 22f
[430] UBA (2010a), S. 81

5.2. Selbstverwaltung der Wasserversorgung

Auch in der BRD wurde die Diskussion über die Bereitstellung von Wasser hauptsächlich durch die zwei Alternativen Staat oder Markt dominiert. Dies kann verallgemeinert anhand zweier konträrer Publikationen des Bundesministeriums für Wirtschaft und des Umweltbundesamtes veranschaulicht werden.[431] Im Laufe der letzten zwei Jahrzehnte wurden vermehrt Initiativen zur Förderung der Beteiligung der Bevölkerung in Entscheidungsprozessen auf gesetzlicher Basis durchgesetzt. Es bleibt jedoch die Frage, in welchem Ausmaß solche institutionelle Reformen auf die Möglichkeiten der Individuen, Entscheidungen zu beeinflussen und eigene Regeln zu bilden, übertragen werden sollen.[432] Aufgrund der rechtlich verankerten öffentlichen Verantwortung in der Wasserversorgung ist eine vollständige Selbstverwaltung in der BRD zumindest zum jetzigen Zeitpunkt nicht möglich. Trotzdem haben sich im Rahmen der Möglichkeiten in verschiedenen Gemeinden Genossenschaften gebildet und das Betreiben der Wasserversorgung übernommen.[433] Diese Art der Selbstverwaltung durch Teile der Gemeindebevölkerung kann von Kritikern natürlich auch als eine Form der Privatisierung der Wasserversorgung angesehen werden. Es besteht jedoch ein wesentlicher Unterschied zu der in Kapitel 3 beschriebenen Privatisierung, was am Beispiel der Wasser-Genossenschaft Ellerhoop aufgezeigt wird.

[431] Brackemann et al. (2000), Ewers et al. (2001)
[432] Bruns (2003), S. 2ff
[433] Brochhagen (2009)

5.2.1. Analyse der Entstehungsfaktoren

Anhand der Voraussetzungen für die Entstehung von selbstverwalteten Allmendesystemen werden nun grundlegende Rahmenbedingungen untersucht, die Selbstorganisation begünstigen können. Die Tatsache, dass die Entstehung und der Erhalt von Selbstverwaltungen sehr stark von lokalen Bedingungen und von Interaktionen zwischen Nutzerregeln und dem lokalen ökologischen System abhängen, erschwert eine generelle Analyse der potentiellen Entstehung von Selbstverwaltungssystemen. Daher wird ausschließlich auf Ressourcen- und Nutzerfaktoren aus Kapitel 4.3.1. eingegangen, die anhand empirisch belegter Daten eine allgemeine Aussage ermöglichen. Die Spezifika der Faktoren A2 bis einschließlich A4 und A6 würden lediglich hypothetische Vermutungen zulassen und werden daher bewusst ausgelassen. Desweiteren kann diese Analyse ausschließlich einen groben Rahmen bieten; die tatsächliche Ausgestaltung in spezifischen Regionen müsste eine weitere detaillierte Analyse der lokalen Bedingungen voraussetzen.

R1. Realisierbare Verbesserung: Der Zustand der Ressource ist nicht an einem Punkt des Niederganges, sodass eine Organisierung zwecklos ist, oder so gering ausgelastet, dass nur minimale Vorteile aus einer Organisierung resultieren.

Zur näheren Betrachtung des Ressourcenzustandes wird das Ressourcensystem in drei Bereiche unterteilt: quantitativer Zustand, qualitativer Zustand und Infrastruktursystem.

Aus quantitativer Sicht besteht nur in geringen Teilen der BRD Wassermangel.[434] Um Wasserknappheit entgegen zu wirken, wird die Wasserversorgung in gefährdeten Gebieten durch Fernleitungsrohre

[434] Kahlenborn und Kraemer (1998), S. 6f, Zebisch et al. (2005), S. 47f

oder Talsperren abgesichert. Dem positiven Aspekt der Sicherung der Verfügbarkeit stehen in diesem Fall hohe Kosten des Wassertransports gegenüber.[435] Neben der quantitativen Komponente beeinflusst der qualitative Zustand der Ressource das zur Verfügung stehende, nutzbare Wasservolumen. 37% der Grundwasservorkommen, die den Großteil der Wassergewinnung in der öffentlichen Wasserversorgung umfassen, befinden sich einem „chemisch schlechten" Zustand[436] und können somit nicht unmittelbar, ohne weitere Aufbereitungsmaßnahmen, als Trinkwasser genutzt werden.[437] Erforderliche Maßnahmen zur Verbesserung der Wasserqualität sind in Bewirtschaftungsplänen und Maßnahmenprogrammen festgehalten.[438] Der Zustand des Infrastruktursystems kann anhand des Wasserverlustes im Leitungsnetzwerk beurteilt werden. Im Vergleich zu anderen europäischen Staaten befindet sich das Leitungssystem der BRD mit einem Wasserverlust von 6,5% in einem qualitativ guten Zustand.[439]

Unter Berücksichtigung der Komponenten des quantitativen, qualitativen und Infrastrukturzustandes sind Verbesserungen im Bereich des Ressourcensystems durchaus realisierbar. Da insbesondere nach dem quantitativen und qualitativen Zustand der Wasservorkommen nur regionalspezifisch eine reale Knappheit vorherrscht, ist nach Ostrom in diesen Gebieten das Zustandekommen von Selbstverwaltungssystemen wahrscheinlicher als in Gebieten reichlicher Wasservorkommen, da die Organisationskosten einer Selbstverwaltung die potentiellen Erträge relativ schnell übersteigen könnten.[440]

---

[435] BMU und UBA (2001), S. 24, Swyngedouw (2008), S. 33, UBA (2010a), S. 76
[436] UBA (2010b), S. 16
[437] BMU und UBA (2001), S. 24,
[438] BMU (2008), S. 61ff
[439] ATT et al. (2011), S. 55f
[440] Ostrom (2000b), S. 36

R2. Indikatoren: Verlässliche und fundierte Informationen über den Zustand der Ressource sind in regelmäßigen Abständen zu geringen Kosten erhältlich.

Die quantitative und qualitative Kontrolle des Grundwassers ist in der BRD Aufgabe der Länder. Zu diesem Zwecke werden Daten neben länderspezifischen Messnetzen aus zwei länderübergreifenden Messnetzen gewonnen und gegebenenfalls an die Europäische Umweltagentur weitergeleitet.[441] Auf regionaler Ebene werden, neben ergänzenden Kontrollen der Gesundheitsämter, in regelmäßigen Abständen qualitative Trinkwasserberichte durch die lokalen Wasserversorger erstellt.[442] Informationen über den Zustand des Leitungsnetzwerkes lassen sich neben Leitungsverlusten anhand der chemischen Zusammensetzung des Trinkwassers überprüfen und sind somit ebenfalls in regelmäßigen Abständen erhältlich.[443] Daher sind neben länder- und regionalspezifischen Berichten auch bundesweite Informationen in regelmäßigen Abständen zu relativ geringen Kosten für die lokalen Nutzergruppen verfügbar.

R3. Berechenbarkeit: Der Fluss der Ressourceneinheiten ist relativ vorhersagbar.

Die Analyse des Ressourceneinheitenflusses erfordert eine Unterteilung der verschiedenen Nutzergruppen. Haushalte und Kleingewerbe, welche die hauptsächlichen Nutzer der öffentlichen Wasserversorgung darstellen, können den Fluss der Ressourceneinheiten aufgrund des technisch hochwertigen Zustandes der Trinkwasserversorgung leicht vorhersagen.[444] Im Landwirtschaftssektor erfolgt die Bewässerung

[441] BMU (2008), S. 48f
[442] Santen (2011), UBA (2010a), S. 77
[443] UBA (2010a), S. 77f
[444] Ebd., S. 77

aufgrund der natürlichen Standortfaktoren der BRD größtenteils durch Niederschlagswasser und wird lediglich in den Wachstumsperioden oder in Trockenperioden zu 75% durch Grundwasserbewässerung ergänzt.[445] Die Speicherfähigkeit des Grundwassers ermöglicht somit auch in der Landwirtschaft einen relativ leicht vorhersagbaren Ressourcenfluss. Entgegen der öffentlichen Wasserversorgung und der Eigengewinnung in der Landwirtschaft basieren die Wasserentnahmen des industriellen Sektors größtenteils auf Oberflächengewässer. Der immense industrielle Bedarf führt jedoch zusätzlich zu einer höheren absoluten Wasserentnahme aus Grundwasser im Vergleich zu den Entnahmen der öffentlichen Wasserversorgung und der Landwirtschaft.[446] Neben der relativ leichten Vorhersage des Ressourcenflusses von Grundwasser, gegeben die aktuellen Verbrauchsgewohnheiten,[447] ist auch im Bereich des Ressourcenflusses von Oberflächengewässer, abgesehen von saisonalen Schwankungen, aufgrund des landesweiten Messnetzes und leicht verfügbare Rahmeninformationen[448] die langfristige Vorhersage relativ verlässlich.

R4. Räumliche Ausdehnung: Das Ressourcensystem ist unter Berücksichtigung der verfügbaren Transport- und Kommunikationstechnologie relativ klein, sodass Aneigner verlässliche Informationen der externen Grenzen und internen Mikrosysteme entwickeln können.

Ca. 75% der Bevölkerung und 82% der Unternehmen verfügen in der BRD über einen Internetzugang,[449] wodurch der Informationsaus-

[445] BMU (2008), S. 26f
[446] Ebd., S. 24ff
[447] D.h. ein im Vergleich zur verfügbaren Wassermenge allgemein gesehen geringerer Verbrauch.
[448] Z.B. sind spezifische Daten des Deutschen Wetterdienstes für einzelne Nutzergruppen auf dem Informationsportal des BMBVS und DWD (2011) erhältlich.
[449] Statistisches Bundesamt (2011), S. 117ff (Kapitel 5)

tausch auch über große Entfernungen schnell abgewickelt werden kann und der Zugang zu grundlegenden Informationen sichergestellt ist (siehe vorhergehende Punkte). Darüber hinaus stehen weitere Kommunikationstechnologien wie Telekommunikation, Television und Postwesen flächendeckend zur Verfügung.[450] Zusätzlich verfügen Transporttechnologien wie der Eisenbahn- und Kraftfahrzeugs- oder auch Binnenschifffahrtssektor über ein weit ausgebautes Infrastrukturnetz.[451] Angesichts der verfügbaren Transport- und Kommunikationstechnologie können Ressourcensysteme in Deutschland daher als relativ klein angesehen werden.[452]

A1. Salienz: Aneigner sind zur Bewältigung ihres Lebensunterhaltes in hohem Maße von dem Ressourcensystem abhängig.

Nach Ostrom bezieht sich der Aspekt der Lebensgrundlage vorwiegend auf die aus dem Ressourcensystem direkt oder indirekt gewonnenen Produkte, welche durch Veräußerung Einkommen generieren.[453] Dies ist in den Fällen des Fischereiwesens oder Bewässerungssystemen der Landwirtschaft erfüllt. Übertragen auf die BRD ist somit auch der industrielle und der landwirtschaftliche Sektor, welche Wasser als Produktionsinput benötigen, vom Ressourcensystem im Sinne der Einkommensgenerierung abhängig. Insbesondere die an die öffentliche Versorgung angeschlossenen Haushalte erfüllen dieses Krite-

---

[450] Statistisches Bundesamt (2011), S. 436 (Kapitel 16)

[451] Ebd., S. 420ff (Kapitel 16)

[452] Strittig ist in diesem Zusammenhang die Bezeichnung „relativ klein", da in den Voraussetzungsfaktoren keine spezifischen Angaben hierzu aufzufinden sind. Im Vergleich zu Beispielen der Allmendebewirtschaftung verfügen Regionen in Fallbeispielen oftmals über kein großflächiges Strassennetzwerk und die geographische Beschaffenheit des Gebietes ermöglicht lediglich eine Fortbewegung bzw. Transport mittels konventioneller Transporttechnologien, wie z.B. mittels Pferden oder zu Fuß. Daher kann auch aufgrund des weitverbreiteten Infrastrukturnetzwerkes der Transporttechnologien das Ressourcensystem als relativ klein angesehen werden.

[453] Ostrom (2000b), S. 37

rium jedoch nicht. Einerseits ist Wasser ein existentiell bedeutendes Grundnahrungsmittel, andererseits beziehen Haushalte in allgemeiner Sicht kein Einkommen aus der Nutzung von Wasser.[454] Unter Verwendung der in 4.3.1. angewandten Kosten-Nutzen Analyse kann der Nutzen einer Selbstverwaltung die Kosten der Organisation insofern übersteigen, falls die Trinkwasserversorgung in einem minderwertigen Zustand ist und Verbesserungen durch Bildung neuer Regeln den Nutzenanstieg aufgrund der existenziellen Bedeutung von Wasser größer ausfallen lassen als die dafür aufzuwendenden Kosten der Organisation. Dieses Argument ist jedoch lediglich als theoretischer Einwand anzusehen, da die Versorgungssicherheit und auch die Qualität des Trinkwassers den Aspekt der existenziellen Bedrohung ausschließen.[455]

A5. Autonomie: Aneigner sind in der Lage, Zugangs- und Entnahmeregeln ohne die Intervention externer Autoritäten festzulegen.[456]

Auf deutschem Hoheitsgebiet liegt die generelle Verantwortung der Wasserressourcen in der Hand des Staates. Ein Vergleich mit der ebenfalls zentralen Kontrolle in Peru verdeutlicht, dass die Intervention externer Autoritäten damit nicht gleichzeitig gegeben ist. Die geographischen Charakteristiken in Peru haben dazu geführt, dass in abgelegenen Teilen der Anden trotz des juristischen Faktums des zentralen Wasserbesitzes, staatliche Regelungen keinen Einfluss auf das lokale alltägliche Leben besitzen.[457] Das weit ausgebaute Infrastrukturnetz der Transporttechnologien und des Kommunikationssystems in

[454] BDEW (2011)
[455] UBA (2010a), S. 76
[456] Der hier verwendete Begriff des Zugangs- und der Entnahme stellt einen Sammelbegriff dar. Die im WHG (2009) § 9 Abs. 1 Satz 5 verwendete Unterscheidung zwischen Entnahme, Zutageförderung, Zutageleitung und Ableitung von Grundwasser ist für den Zweck der Arbeit zweitrangig.
[457] Trawick (2001), S. 12f

der BRD ermöglicht jedoch eine Präsenz staatlicher Akteure in nahezu allen Teilen des Landes.[458] In Bezug auf den Wasserzugang und die -entnahme besteht eine erlaubnisfreie Benutzung des Grundwassers für Haushalte und landwirtschaftliche Betriebe, sofern keine signifikanten nachteiligen Auswirkungen auf den Wasserhaushalt entstehen und die jeweiligen Landeswassergesetze die Benutzung nicht weiter einschränken.[459] Entnahmen von Grundwasser, die über die Vorschriften des § 46 WHG hinaus gehen, bedürfen grundsätzlich der Erlaubnis oder der Bewilligung der zuständigen Behörde.[460] Dies betrifft unter anderem Wasserversorgungsunternehmen.[461] Im Zuge der Erteilung einer Nutzungserlaubnis oder –bewilligung legen Inhalts- und Nebenbestimmungen die zulässige Entnahmemenge fest.[462] Die formellen institutionellen Regeln ermöglichen den Aneignern somit keine Festlegung der Zugangs- und Entnahmeregeln ohne die Intervention externer Autoritäten.

Die Ergebnisse der Analyse einzelner Entstehungsfaktoren lassen sich in die Komponenten der Ressourcen- und Nutzerfaktoren unterteilen. Auf Seite der Ressourcenfaktoren scheinen die allgemeinen Voraussetzungen für die Entstehung von Selbstverwaltungssystemen zumindest für bestimmte Regionen gegeben zu sein, während die Untersuchung der Nutzerfaktoren zu einem gegenteiligen Ergebnis kommt. Zudem besteht insbesondere in Hinblick auf letztere Faktoren ein Analyseproblem, da konkrete Eigenschaften der beteiligten Akteure essentielle Bedeutung innehaben, aufgrund ihrer Spezifika jedoch nicht aus allgemeiner Sicht zu beurteilen sind. Um das Potenzial für Selbstverwaltungssysteme in der BRD zu ermitteln, sind weitere Un-

[458] Statistisches Bundesamt (2011), S. 420ff (Kapitel 16)
[459] WHG (2009), § 46 Abs. 1 und Abs. 3
[460] Ebd, § 8 i.V.m. § 9 Abs. 1
[461] Seeliger und Wrede (2009), S. 682
[462] WHG (2009), § 13 Abs. 2 Satz 2a i.V.m. § 82 Abs. 3 und EG (2000), Artikel 11 Absatz 3e

tersuchungen auf der Ebene lokaler Rahmenbedingungen notwendig. Allerdings kann die Möglichkeit der Entstehung von Selbstverwaltung durch lokale Akteure anhand der empirischen Resultate nicht vollkommen negiert werden. Zahlreiche Feldstudien belegen, dass selbst in erfolgreichen Selbstverwaltungssystemen die Erfüllung aller Faktoren nicht unbedingt notwendig ist, da zusätzlich Interdependenzen zwischen Variablen auftreten können, welche die Komplexität der zu analysierenden Situationen erschweren und somit nicht immer erfasst werden können.[463] Ein entscheidender Aspekt in der Beurteilung besteht im institutionellen Wandel und der Entstehung von Institutionen, die aus theoretischer Sicht durch Interaktionen der beteiligten Akteure zustande kommen. Die formellen institutionellen Rahmenbedingungen, von der Ebene der Europäischen Union bis hin zu nationalen lokalen Regierungsbehörden, haben unter anderem dazu beigetragen, dass die Wasserversorgung der BRD generell als ein funktionierendes System angesehen werden kann.[464] Den lokal betroffenen Nutzern verbleibt in diesem Rahmenwerk ein äußerst begrenzter Raum der individuellen Beeinflussung.[465] Daher sind mit den bestehenden Institutionen vollkommen autonome Selbstverwaltungssysteme im Sinne der Theorie der Allmende nicht möglich. Vielmehr treffen die Rahmenbedingungen des polyzentrischen Systems zu, bei welchem Individuen zumindest minimale Möglichkeiten der Beeinflussung von Nutzungsregeln besitzen. Diese werden am Beispiel der Wasser-Genossenschaft Ellerhoop aufgezeigt.

[463] Schlager (2004), S. 153
[464] ATT et al. (2011), S. 8f
[465] Die vielfältigen Möglichkeiten, die Interessen von Bürgern in politische Entscheidungen einzubringen bzw. politische Prozesse zu beeinflussen sollen durch diese Argumentation nicht ihrer Bedeutung enthoben werden, beeinflussen in einer engen Betrachtung der Theorie der Allmende die Argumentation jedoch nicht.

5.2.2. Selbstverwaltung in einem polyzentrischen System - die Wasser-Genossenschaft Ellerhoop

Die bisherigen Ergebnisse legen dar, dass die Voraussetzungen für das Zustandekommen eines Selbstverwaltungssystems in Deutschland nur bedingt erfüllt sind und die gegenwärtigen Rahmenbedingungen eine vollständige Selbstverwaltung nicht zulassen. Dennoch bestehen für lokale Akteure Möglichkeiten der kollektiven Interaktion, um die lokale Wasserversorgung gemeinschaftlich zu organisieren. Zu diesem Zweck haben sich bereits in mehreren Gemeinden Wassergenossenschaften gebildet und den Betrieb der Wasserversorgung übernommen.[466] Die typische „Tragödie der Allmende" mit der Gefahr der Übernutzung der Ressource tritt zum gegenwärtigen Zeitpunkt in der BRD generell nicht auf. Das Kriterium der Knappheit bietet daher nur geringe Anreize zur Selbstorganisation. Zudem ist dem Trittbrettfahrerverhalten in der Bereitstellung des Infrastruktursystems eine gewisse Grenze gesetzt. Ein Ausschluss von diesem System ist zwar nicht erwünscht, jedoch werden auf Basis der Entgeltgestaltung alle angeschlossenen Haushalte am Aufbau und der Instandhaltung des Infrastruktursystems beteiligt. Es stellt sich daher die berechtigte Frage, inwiefern unter Abwesenheit der grundsätzlichen Allmendeprobleme eine Selbstverwaltung zustande kommt? Die Übersicht über die Entwicklung der Wasserversorgung und die Argumente in der Privatisierungsdiskussion verdeutlichten, dass abseits des Ressourcenmanagements Probleme wie die Preisgestaltung, bedingt durch das natürliche Monopol, und die Versorgung der gesamten Bevölkerung die Bereitstellung von Wasser dominieren.

Abgesehen davon, dass in der Gemeinde Ellerhoop im Jahr 2003 lediglich ein Anteil von 25% der Haushalte an die Wasserversorgung

[466] Brochhagen (2009)

angeschlossen war, konnten sich die verbleibenden ca. 240 Haushalte aufgrund des guten quantitativen und qualitativen Zustandes der lokalen Wasservorkommen mittels Hausbrunnen selbst versorgen.[467] Die Problematik der Versorgungssicherheit kann daher als sekundär eingestuft werden und die zu lösenden Probleme beziehen sich auf die Preisgestaltung und den Umgang mit natürlichen Monopolen. An diesen Punkt knüpft die Entstehung der Selbstverwaltung in der Gemeinde Ellerhoop an. Der mangelhafte Zustand des Infrastruktursystems, gekennzeichnet durch Druckschwankungen und Verunreinigungen des Trinkwassers, erforderte Instandhaltungsinvestitionen, die das Budget des Gemeindehaushaltes überschritten. Angesichts der Befürchtung hoher Anschlusskosten und steigender Preise verhinderte die Bevölkerung mittels Bürgerbegehren die Pläne der Gemeinde, die Wasserversorgung an ein zentrales Infrastrukturnetz eines überregionalen Wasseranbieters anzuschließen.[468] Die Übernahme der Wasserversorgung von der Kommune versetzte die Genossenschafter in die Position eines Anspruchsberechtigten der Wasserversorgung. Neben der Aneignung der Ressourceneinheiten sind die Genossenschaftsmitglieder somit in der Lage, Fragen der Bereitstellung des Ressourcensystems zu beeinflussen. Die Akzeptanz der Regeln innerhalb der Aneigner wird durch kollektive Entscheidungsmechanismen auf den Generalversammlungen erhöht, welche z.B. Fragen der Entgeltgestaltung und Instandhaltungs- oder Erweiterungsinvestitionen betreffen.[469] Kraft der Grundsätze des genossenschaftlichen Rechtsstatus besteht für jedes Individuum die Möglichkeit des Genossenschaftsbeitritts, weshalb prinzipiell kein Ausschluss von den kollektiven Entscheidungsmechanismen möglich ist.[470] Der übergeordnete Rechtsrahmen,

[467] Kohl (2010), S. 3, Luttmer (2003)
[468] Soden (2004), S. 7
[469] Santen (2011)
[470] Eisen (2009), S. 2

welcher neben dem Stand der Infrastrukturtechnik und Wasserqualität auch oben genannte Kriterien der Entgelterhebung festlegt (Kap. 5.1.2.), ist dabei stets einzuhalten. Der Problematik des Monopolpreises wird einerseits durch die Beteiligung der Aneigner an der Entgeltgestaltung und andererseits durch die genossenschaftliche Satzung entgegengewirkt. Ebenso wie bei privatwirtschaftlichen Unternehmen im Sinne des Kap. 3 werden eventuelle Gewinne neben der Rücklagenbildung für Investitionstätigkeiten zur Tilgung von aufgenommenen Krediten verwendet. Zusätzliche Verwendung stellt die Dividendenausschüttung an Mitglieder der Genossenschaft dar. Gewinne verbleiben somit in der Hand der Aneigner.

Langfristig stehen jedoch nicht die Gewinnmaximierung, sondern die Interessen der Mitglieder, wie z.B. eine hohe Wasserqualität, die sichere und zuverlässige Versorgung und der kostengünstige Betrieb, im Vordergrund der Wasser-Genossenschaft Ellerhoop.[471] Aus theoretischer Hinsicht bieten die genossenschaftlichen Grundsätze demnach die Möglichkeit der Verringerung monopolistischer Verhaltensweisen. Die tatsächliche praktische Umsetzung ist jedoch stets in hohem Maße vom gegenseitigen Vertrauen und der Reziprozität der beteiligten Individuen abhängig.[472] Überwachungen der Entnahmeaktivitäten und Wasserqualität basieren auf häuslichen Wasserzählern und Wasserqualitätsberichten der Genossenschaft,[473] wobei auch in diesem Fall die zugehörigen Gesundheitsbehörden die Möglichkeit zusätzlicher Kontrollen besitzen (vgl. Kap. 5.1.2.2.). Eine Zuwiderhandlung gegen die im WHG und vertraglich vereinbarten Rechte und Pflichten und daraus resultierende Sanktionen sind primär durch Paragraphen des WHGs geregelt.[474] Diese Bedingungen zeigen auf, dass ein Großteil

[471] Kohl (2010), S. 16
[472] Eicke-Diekmann (2009a), Eicke-Diekmann (2009b)
[473] Santen (2011)
[474] WHG (2009), § 103

der Faktoren der langfristigen Erhaltung durch die Wasser-Genossenschaft Ellerhoop erfüllt sind und somit aus theoretischer Sicht günstige Rahmenbedingungen für eine langfristige Erhaltung der Selbstverwaltung vorliegen.

Im Hinblick auf die ökonomische Bewertung verschiedener Bereitstellungsformen stellt sich abschließend die Frage der Wohlfahrtsentwicklung unter der selbstverwalteten Wasserversorgung im Vergleich zu anderen Bereitstellungsarten. Die zu Beginn erforderlichen Instandhaltungsinvestitionen in das Leitungsnetzwerk konnten durch das Eigenkapital der Genossenschaft und die Aufnahme von Krediten finanziert werden.[475] Nach heute acht Jahren der Selbstverwaltung der Wasserversorgung konnte die mangelhafte Wasserqualität verbessert werden, die Anschlussrate der Haushalte auf 36% gesteigert und der Wasserpreis pro Kubikmeter nach einer anfangs kurzfristigen Erhöhung aufgrund der kapitalintensiven Investitionen um ca. 23% gegenüber der ehemals kommunalen Versorgung gesenkt werden.[476]

Die Verbesserungen im Infrastruktursystem und in der Wasserqualität bei einem sinkenden Preis pro Kubikmeter lassen vermuten, dass die selbstorganisierte Wasserversorgung gegenüber der kommunalen Bereitstellung unter den aktuellen Bedingungen einen kosteneffizienteren Betrieb gewährleisten kann. Ebenso lassen kollektive Entscheidungsstrukturen in der Managementebene, unter Beteiligung der lokalen Aneigner, die Kosten der Regulierung und der Überwachung von Monopolstrukturen vermutlich gering ausfallen. Die Ziele der Genossenschaft und die kollektiven Entscheidungsstrukturen über die Entgeltgestaltung zeigen eine weitere Besonderheit von Wohlfahrtsaspekten der Selbstverwaltung auf. Da die Mitglieder der Genossenschaft sowohl den Status des Aneigners (Konsument) als auch des Bereitstellers (Produzent) der Wasserversorgung besitzen, verbleibt die Summe

[475] Jensen (2003)
[476] Kohl (2010), S. 29, Luttmer (2003)

aus Produzenten- und Konsumentenrente, sofern alle Aneigner auch Genossenschafter sind, in der Hand der Genossenschaft. Folglich würde nach einem rationalen Entscheidungskalkül die Maximierung der Gesamtwohlfahrt im Vordergrund der Genossenschaft stehen. Eine Erhöhung des Preises, verbunden mit einer Reduktion der absetzbaren Wassermenge, hätte in diesem Fall lediglich negative Auswirkungen auf die Genossenschaftsmitglieder. Demnach sinkt der Anreiz zur Bildung von Monopolpreisen unter einer rationalen Sichtweise mit dem steigenden Anteil der Aneigner in der Genossenschaft. Trotz des Mangels an detaillierten Daten für eine ausführliche wohlfahrtstheoretische Untersuchung des Wandels, von kommunaler Wasserbereitstellung zu einer Selbstorganisation, können die soeben aufgeführten Gründe durchaus vermuten lassen, dass eine Reduktion des Nettowohlfahrtsverlustes durch die Institutionen der selbstverwalteten Wasserversorgung nicht unwahrscheinlich ist.

6. Schlussbetrachtung

6.1. Abschließende Diskussion

Der wissenschaftliche Diskurs in der Theorie der Allmende konnte seit den Anfängen der 1980er Jahre beträchtliche Fortschritte erzielen.[477] Trotzdem bleiben Teilbereiche, die eine intensive und fächerübergreifende Forschung erforderlich machen, um das Verständnis der komplexen Prozesse zu vertiefen.[478] Neben einem umfassenderen Verständnis des menschlichen Verhaltens[479] zählt hierzu insbesondere die Betrachtung der kontextuellen Rahmenbedingungen im Gegensatz zu der alleinigen Analyse der Charakteristika und Funktionstüchtigkeit von Institutionen.[480] Neben den Zukunftsfeldern der Allmendeforschung hat der wissenschaftliche Diskurs der Theorie der Allmende einen wesentlichen Anteil am politischen Paradigmenwechsel in der Entwicklungszusammenarbeit und innenpolitischen Angelegenheiten der industrialisierten Staaten in Hinblick auf eine verstärkt institutionelle Herangehensweise, einer Fokussierung auf lokale Gemeinschaften und die Beteiligung möglichst vieler Interessengruppen, sowohl in ökologischen als auch ökonomischen Entscheidungsprozessen.[481]

---

477 Agrawal (2002), S. 70f, Ostrom (1998a), S. 1, Stern et al. (2002), S. 450ff, Sturm und Weimann (2001), S. 82ff

478 Cox et al. (2010), S. 15, Stern et al. (2002), S. 469ff

479 Ostrom (2010), S. 659

480 Agrawal (2002), S. 59, Stern et al. (2002), S. 475

481 Aligica (2005), S. 160. EEAC (2009), S. 3f zeigt die Verankerung dieser Paradigmen exemplarisch am Beispiel der Europäischen Union auf.

Keinesfalls bieten Selbstverwaltungen eine generell überlegene Organisationsform, da Erfolg oder Misserfolg stets von spezifischen lokalen Bedingungen und auch einer Reihe bisher nicht erforschter Einflüsse abhängen.[482] Daher schließt eine Erweiterung der instrumentellen Handlungsoptionen, insbesondere im Umgang mit natürlichen Ressourcen, die traditionellen Staats- oder Marktlösungen bei weitem nicht aus. Die ausschließliche Betrachtung einer rein staatlichen oder freien Marktlösung würde jedoch gleicherweise eine ergebnisoffene Forschung unterbinden wie die grundsätzliche Ablehnung aller staatlichen Eingriffe im natürlichen Ressourcenmanagement.[483]

Ebenso wenig garantiert eine trichotomische Herangehensweise eine objektive Analyse in der Frage der optimalen Bereitstellungsform.[484] Vielmehr können Entscheidungen durch die aktive Beteiligung der lokal betroffenen Individuen legitimiert und ihre langfristige Akzeptanz erhöht werden. Integrierte Lösungen, wie am Beispiel der eingebetteten Organisationen in einem polyzentrischen System, bieten in diesem Zusammenhang die Möglichkeit, Schwächen der verschiedenen Ansätze zu verringern und Vorteile zu kombinieren, womit die drei Hauptanliegen der Wasserversorgung, langfristige ökologische Erhaltung, Effizienz und Gleichberechtigung,[485] eventuell stringenter angegangen werden können.[486] Eine wechselseitige Kombination verschiedener Lösungsansätze, besonders im Hinblick auf die Interaktionen zwischen Selbstverwaltungsorganisationen und staatlichen Behörden, erfordert jedoch auch ein transparentes und partizipationsfreundliches Demokratieverständnis.[487] Nach dem Sachverständigen-

[482] Gawel (2011)
[483] Bakker (2010), S. 220f
[484] Agrawal (2002), S. 44
[485] Der Begriff der Effizienz bedeutet an dieser Stelle einen möglichst effizienten, d.h. nicht verschwenderischen, Umgang mit der Ressource Wasser.
[486] Choe (2004), S. 1942, Rose (2002), S. 238f, Young (2002), S. 266f
[487] SRU (2002), S. 103

rat für Umweltfragen werden selbst in einem demokratischen Staat wie der BRD, in welchem unterschiedliche Beteiligungsformen der Bevölkerung an Entscheidungsprozessen durch formelle institutionelle Regelungen festgehalten sind,[488] staatliche Mechanismen bevorzugt, wenn die Erreichung „gemeinwohlbezogene[r] Ziele"[489] im Vordergrund steht.[490] Die Beteiligung der Öffentlichkeit an Entscheidungsprozessen ist mittlerweile sowohl auf EU- als auch auf nationaler Ebene gesetzlich verankert.[491] Diesbezüglich ist die Ratifizierung der Aarhus-Konvention im Jahr 2007,[492] welche die Umsetzung formeller Institutionen der öffentlichen Partizipation, des Zugangs zu Informationen und zu Konfliktlösungsmechanismen zum Schutz der Umwelt für zukünftige Generationen auf völkerrechtlicher Basis beinhaltet,[493] ein weiterer Schritt zu einer „umfassende[n] Nutzung der Handlungspotenziale zivilgesellschaftlicher Akteure"[494]. Allerdings sind hier Verbesserungspotenziale vorhanden, da die bisherige Umsetzung der Aarhus-Konvention auf Ebene der BRD noch Defizite aufweist.[495]

Hinsichtlich der zukünftigen Herausforderungen für die Organisation der Wasserversorgung in der BRD durch den Klima- und demographischen Wandel[496] sind weitere Fortschritte hin zur Verwirklichung einer partizipatorischen Demokratie für eine nachhaltige Gestaltung des Wasserressourcenmanagements und der Wasserversorgung, die lokalen Bedürfnissen, Traditionen und Rahmenbedingungen einen hohen Stellenwert beimisst,[497] von nicht zu unterschätzender

[488] SRU (2002), S. 103
[489] Ebd., S. 86
[490] Ebd., S. 86
[491] SRU (2007), S. 39. Für eine kompakte Übersicht über Regelungen auf nationaler sowie auf EU-Ebene siehe BMU (2010).
[492] BMU (2010)
[493] Keupp und Zschiesche (2010), S. 4
[494] SRU (2004), S. 102
[495] SRU (2008), S. 384f, UfU (2010), S. 2ff
[496] Bundesregierung (2010), S. 9
[497] EG (2009), S. 3

Bedeutung.[498] Eine ausreichende Berücksichtigung der komplexen Interaktionen zwischen ökologischen, ökonomischen und sozialen Systemen wäre durch eine ausschließlich ökonomische Herangehensweise eventuell nicht gewährleistet. Dennoch können insbesondere institutionen-ökonomische Analysen z.B. im Hinblick auf einen nicht verschwenderischen Umgang mit Wasser, konkurrierende Nutzungsinteressen oder einen kostengünstigen Betrieb der Wasserversorgung, wichtige Aspekte für Entscheidungsfindungsprozesse liefern.[499] Aus diesem Grund sollte die Bewirtschaftung der Wasserressourcen ökonomische und soziale Argumente in den Kontext der Nachhaltigkeit und das Primat der Erhaltung der ökologischen Rahmenbedingungen einbinden, um die langfristige Erhaltung des Ökosystems und der Wasserressourcen, einem essentiellen Bestandteil der menschlichen Existenz, zu garantieren.

6.2. Fazit

Das Wasserversorgungssystem der BRD weist die Charakteristika eines Allmendeguts auf. Diese Art des Mischguts in Verbindung mit dem Auftreten natürlicher Monopole kann aus ökonomischer Sicht zu Wohlfahrtsverlusten führen. Dem staatlichen Sektor wird daher die Rolle des Rahmengebers zugewiesen, der lediglich in der Bereitstellung des Infrastruktursystems eine aktive Rolle erhält, während private Unternehmen den ökonomisch effizienten Betrieb gewährleisten. Ein historischer Rückblick bei der Entwicklung der Wasserversorgung zeigt einen stetigen Wechsel zwischen dem öffentlichen Bereich und

[498] EEAC (2009), S. 3, WHG (2009), § 6 Abs. 1 Satz 4
[499] EEAC (2009), S. 3

privaten Unternehmen auf, was mehr aus politischen denn ökonomischen Gründen resultiert.

Anhand der wissenschaftlichen Erkenntnisse der letzten zwei Jahrzehnte konnte mit der Theorie der Selbstverwaltung von Allmenden die dichotomische Herangehensweise um eine zusätzliche Alternative erweitert werden. Die moderne Theorie der Allmende beruht vor allem auf der Kritik traditioneller Theorien kollektiven Handelns, welche mittels restriktiver Annahmen des menschlichen Verhaltens die „Tragödie der Allmende" vorhersagten und infolgedessen lediglich ein Eingreifen von Seiten des Staates oder Marktes zu einem gesellschaftlich optimalen Resultat führen würde. Mit Hilfe empirischer Erkenntnisse und einer Fokussierung auf die institutionelle Analyse konnte ein theoretischer Rahmen entwickelt werden, welcher auf Basis einer weiten Definition der Rationalität Gruppen von Individuen die Kompetenz zur Überwindung von Übernutzungs- und Trittbrettfahrerproblemen zuschreibt. Die Entwicklung und Veränderung von Institutionen, den Rahmenbedingungen menschlichen Handelns, ermöglicht es Individuen, Unsicherheiten über das Verhalten anderer Akteure abzubauen und kooperative Lösungen zu erreichen. Einerseits können hierdurch Kosten der Informationsbeschaffung verringert werden, während gleichzeitig die Wahrscheinlichkeit des langfristigen Erhalts einer Ressource erhöht wird. Diesbezüglich konnten anhand von Feldstudien allgemeine institutionelle Rahmenbedingungen in Form von Ressourcenfaktoren, Nutzerfaktoren und institutionellen Gestaltungsprinzipien identifiziert werden, die sowohl die Entstehung von Selbstverwaltungssystemen als auch deren langfristigen Erhalt begünstigen, jedoch nicht garantieren.

Lokale Differenzen in geografischer, kultureller, sozioökonomischer sowie ökologischer Hinsicht erfordern eine detaillierte Analyse der betrachteten Allmendesituation, weshalb zumindest zum gegenwärtigen Zeitpunkt keine generellen Lösungsmöglichkeiten zur Überwindung der Allmendeprobleme vorliegen. Desweiteren stellen bisher vernachlässigte Interdependenzen zwischen Institutionen und externen Einflüssen der Globalisierung, dem Klimawandel oder auch demographischer Faktoren bedeutende Zukunftsbereiche zu einem umfassenderen Verständnis von Interaktionen zwischen Individuen dar.

Unter Berücksichtigung der institutionellen Rahmenbedingungen ist eine vollkommene Selbstverwaltung der Wasserversorgung in der BRD nicht möglich. Umfassende Regelungen von der Ebene der Europäischen Union bis hin zu regionalen Behörden setzen einerseits einen relativ geringen Handlungsspielraum, bieten andererseits jedoch auch einen von höchster Ebene geforderten nachhaltigen Umgang mit Wasser. In Bezug auf die Rahmenbedingungen einer Entstehung von Selbstverwaltungssystemen in Deutschland kann keine generelle Aussage getroffen werden, sofern dies die lokalen Unterschiede von Allmenden überhaupt zulassen. Dennoch scheinen die institutionellen Voraussetzungen insbesondere anhand der Eigenschaften der Ressourcenfaktoren zumindest teilweise erfüllt zu sein, während spezifische Charakteristika der Nutzerfaktoren einer allgemeinen Untersuchung enge Grenzen setzen. Desweiteren erfordern aussagekräftige Resultate eine detaillierte Betrachtung der lokalen Begebenheiten. Die günstigen hydrologischen Rahmenbedingungen innerhalb der BRD lassen tatsächliche Nutzerkonkurrenzen in Bezug auf Wasser nur in sehr geringen Teilen des Landes auftreten. Die typische „Tragödie der Allmende“ kann demnach zum jetzigen Zeitpunkt kein Anreiz zur Entstehung einer selbstverwalteten Wasserversorgung darstellen. Zudem ist auch das Trittbrettfahrerverhalten in der Bereitstellung des Infrastruktursystems aufgrund institutioneller Begebenheiten nahezu unmöglich. Dessen ungeachtet übernahmen innerhalb der letzten zwei Jahrzehnte erste Gruppen von Bürgern die Wasserversorgung in ihren Gemeinden. Die Anreize für diese Entwicklungen lagen vorwiegend in der Befürchtung steigender Wasserpreise resultierend aus den natürlichen Monopolen. Aus ökonomischer Sicht ist hierbei interessant, dass die Bürger sowohl Produzenten als auch Konsumenten der Wasserversorgung in einer Organisation vereinen und daher eine Verringerung des Nettowohlfahrtsverlustes durch die Selbstverwaltung zumindest möglich erscheint. Somit zeigt das Beispiel der Wasser-Genossenschaft Ellerhoop, dass auch unter Abwesenheit der typischen Allmendeprobleme ein institutioneller Wandel von individuellem hin zu kooperativem Verhalten zu gesamtgesellschaftlich besseren Ergebnissen führen kann.

Die Theorie der Selbstverwaltung von Allmenden sollte dennoch nicht als alleiniges Allheilmittel gesehen werden. Vielmehr erweitert sie die Entscheidungsmenge in der Frage optimaler Bereitstellung und betont die Bedeutung der Partizipation von Individuen an Entscheidungsprozessen. Kombinationen verschiedener Ansätze bieten die Möglichkeit der Nutzung von Vorteilen und unter optimalen Bedingungen der Verringerung von Nachteilen einzelner Bereitstellungsarten. Ansätze für eine vermehrte Beteiligung der Bevölkerung sind in der BRD bereits institutionell verankert, erfordern jedoch weitere Investitionen, um einen nachhaltigen Umgang, welcher soziale, ökologische und ökonomische Aspekte unter Beteiligung der lokalen Bevölkerungsgruppen berücksichtigt, zu gewährleisten.

Literaturverzeichnis

Acheson, James M. (2003), *Capturing the Commons: Devising Institutions to Manage the Main Lobster Industry*, Hanover und London: University Press of New England.

Adams, William M., Dan Brockington, Jane Dyson und Bhaskar Vira (2001), *Common Choices: Policy Options for Common Pool Resources*, http://www.dfid.gov.uk/r4d/PDF/Outputs/NatResSys/R7973_E2COMMON.pdf (22.07.2011).

Agrawal, Arun (1994), „Rules, Rule Making, and Rule Breaking: Examining the Fit between Rule Systems and Resource Use", in: Elinor Ostrom, Roy Gardner und James Walker (Hrsg.), *Rules, Games, and Common-Pool Resources*, Ann Arbor: University of Michigan Press, 267-282.

Agrawal, Arun (1996), „The Community vs. the Market and the State: Forest Use in Uttarakhand in the Indian Himalayas", *Journal of Agricultural and Environmental Ethics*, 9(1), 1-15.

Agrawal, Arun (2002), „Common Resources and Institutional Sustainability", in: Elinor Ostrom, Thomas Dietz, Nives Dolšak, Paul C. Stern, Susan Stonich und Elke U. Webers (Hrsg.), *The Drama of the Commons*, Washington, D.C.: National Academy Press, 41-85.

Agrawal, Arun und Clark C. Gibson (1999), „Enchantment and Disenchantment: The Role of Community in Natural Resource Conservation", *World Development*, 27(4), 629-649.

Agrawal, Arun und Jesse Ribot (1999), „Accountability in Decentralization: A Framework with South Asian and West African Cases", *Journal of Developing Areas*, 33(4), 473-502.

Agrawal, Arun und Elinor Ostrom (2001), „Collective Action, Property Rights, and Decentralization in Resource Use in India and Nepal", *Politics and Society*, 29(4), 485-514.

Aligica, Paul Dragos (2005), „Institutional analysis and economic development policy: notes on the applied agenda of the Bloomington School: Extending Peter Boetke and Christopher Coyne's Outline of the Research Program of the Workshop in Political Theory and Policy Analysis", *Journal of Economic Behavior and Organization*, 57(2), 159-165.

Anthony, Denise L. und John L. Campbell (2011), „ States, social capital and cooperation: looking back on 'Governing the Commons'", *International Journal of the Commons*, 5(2), 284-302.

ATT, BDEW, DBVW, DVGW, DWA und VKU (2011), *Branchenbild der deutschen Wasserwirtschaft 2011*, Arbeitsgemeinschaft Trinkwassertalsperren, Bundesverband der Energie- und Wasserwirtschaft, Deutscher Bund der verbandlichen Wasserwirtschaft, Deutscher Verein des Gas- und Wasserfaches – Technisch-wissenschaftlicher Verein, Deutsche Vereinigung für Wasserwirtschaft, Abwasser und Abfall und Verband kommunaler Unternehmen (Hrsg.), Bonn: wvgw Wirtschafts- und Verlagsgesellschaft Gas und Wasser, http://www.dvgw.de/fileadmin/dvgw/wasser/organisation/branchenbild2011.pdf (10.10.2011).

Axelrod, Robert (1995), *Die Evolution der Kooperation*, Dritte Ausgabe, München, Wien: Oldenbourg.

Bakker, Karen J. (2003), *An Uncooperative Commodity: Privatizing Water in England and Wales*, New York: Oxford University Press.

Bakker, Karen J. (2007), „Commons or Commodity? The Debate over Private Sector Involvement in Water Supply", in: Karen J. Bakker (Hrsg.), *Eau Canada: the future of Canada's water*, Vancouver, Toronto: UBC Press, 185-204.

Bakker, Karen J. (2010), *Privatizing Water: governance failure and the world's urban water crisis*, Ithaca, New York: Cornell University Press.

Baland, Jean-Marie und Jean-Philippe Platteau (1996), *Halting Degradation of Natural Resources: Is there a Role for Rural Communities?*, Oxford et al.: Oxford University Press und Food and Agriculture Organization of the United Nations.

Bardhan, Pranab (2000), „Irrigation and Cooperation: An Empirical Analysis of 48 Irrigation Communities in South India", *Economic Development and Cultural Change*, 48(4), 847-863.

Barlow, Maude (2001), *Blue Gold: The Global Water Crisis and the Commodification of the World's Water Supply*, Überarbeitete Ausgabe, San Francisco: International Forum on Globalization, http://www.ifg.org/pdf/Blue%20Gold%20new.pdf (14.07.2011).

BDEW (2011), *Trinkwasserverwendung im Haushalt 2010*, Bundesverband der Energie- und Wasserwirtschaft,

http://www.bdew.de/internet.nsf/id/DE_Trinkwasserverwendung-im-Haushalt/$file/ Trinkwasserverwendung%20im%20HH%202010.pdf (11.10.2011).

Beecher, Janice A., G. Richard Dreese und John D. Stanford (1995), *Regulatory Implications of Water and Wastewater Utility Privatization*, Ohio: The National Regulatory Research Institute.

Berkes, Fikret (2006), „From Community-Based Resource Management to Complex Systems: The Scale Issue and Marine Commons", *Ecology and Society*, 11(1), Online Ausgabe, Artikel 45.

Blankart, Charles B. (2008), *Öffentliche Finanzen in der Demokratie*, Siebte Ausgabe, München: Vahlen.

Blomquist, William und Edella Schlager (1997), *Property Rights, Political Power, and the Management of Ground and Surface Water*, Tagungsbericht des Annual Meeting of the Western Political Science Association, 13.-15. März 1997, Tucson, USA,

http://dlc.dlib.indiana.edu/dlc/handle/10535/1707 (26.09.2011).

BMU (2008), *Grundwasser in Deutschland*, Bundesministerium für Umwelt, Naturschutz und Reaktorsicherheit (Hrsg.), http://www.umweltdaten.de/publikationen/fpdf-l/3642.pdf (28.09.2011)

BMU (2010), *Die Aarhus-Konvention*, Bundesministerium für Umwelt, Naturschutz und Reaktorsicherheit (Hrsg.), http://www.bmu.de/umweltinformation/die_aarhus-konvention/doc/2608.php (15.10.2011).

BMU und UBA (2001), *Der Wassersektor in Deutschland – Methoden und Erfahrungen -*, Bundesministerium für Umwelt, Naturschutz und Reaktorsicherheit und Umweltbundesamt (Hrsg.), http://www.umweltdaten.de/publikationen/fpdf-l/2751.pdf (28.09.2011).

BMVBS und BBR (2005), *Öffentliche Daseinsvorsorge und demographischer Wandel: Erprobung von Anpassungs- und Entwicklungsstrategien in Modellvorhaben der Raumordnung*, Bundesministerium für Verkehr, Bau- und Stadtentwicklung Bundesamt für Bauwesen und Raumordnung und Bundesamt für Bauwesen und Raumordnung (Hrsg.), http://www.bbsr.bund.de/cln_032/nn_614896/BBSR/DE/Veroeffentlichungen/Sonderveroeffentlichungen/2005undaelter/OeffentlicheDaseinsvorsorge/DL__OeffentlicheDaseinsvorsorge,templateId=raw,property=publicationFile.pdf/DL_OeffentlicheDaseinsvorsorge.pdf (04.10.2011).

BMVBS und DWD (2011), Informationsportal des Bundesministeriums für Verkehr, Bau und Stadtentwicklung und des Deutschen Wetterdienstes, www.dwd.de (10.10.2011).

Born, Martin (1977), *Geographie der ländlichen Siedlungen*, Stuttgart: B. G. Teubner.

Bowen, Howard R. (1943), „The Interpretation of Voting in the Allocation of Economic Resources", *The Quarterly Journal of Economics*, 58(1), 27-48.

Brackemann, Holger, Kai Epperlein, Andreas Grohmann, Helmut Höring, Christoph Kühleis, Otmar Lell, Jörg Rechenberg und Nicole Weiß (2000), *Liberalisierung der deutschen Wasserversorgung: Auswirkungen auf den Gesundheits- und Umweltschutz, Skizzierung eines Ordnungsrahmens für eine wettbewerbliche Wasserwirtschaft*, Umweltbundesamt (Hrsg.), http://www.umweltdaten.de/publikationen/fpdf-l/1888.pdf (22.09.2011).

Brennan, Brid, Bernhard Hack, Olivier Hoedman, Satoko Kishimoto und Philipp Terhorst (2004), *Reclaiming Public Water! Participatory alternatives to privatization*, TNI Briefing Series 2004(7), Amsterdam: Transnational Institute, http://www.tni.org/sites/www.tni.org/files/download/water_0.pdf (31.08.2011).

Briscoe, John (1996), *Water as an economic good: the idea and what it means in practice*, Beitrag präsentiert auf dem World Congress of the International Commission on Irrigation and Drainage, September 1996, Cairo, http://www.iph.ufrgs.br/posgrad/disciplinas/hidp04/Briscoe,%20Water%20as%20an%20economic%20good.pdf (23.06.2011).

Brochhagen, Lena (2009), *Bürger schwimmen sich frei*, Handelsblatt, http://www.handelsblatt.com/politik/deutschland/buerger-schwimmen-sich-frei/3290048.html (12.10.2010).

Bromley, Daniel W., David Feeny, Margaret A. McKean, Pauline Peters, Jere L. Gilles, Ronald J. Oakerson, C. Ford Runge und James T. Thomson, *Making the Commons Work: Theory, Practice, and Policy*, San Francisco: Institute for Contemporary Studies.

Brubaker, Elizabeth (2001), *The Promise of Privatization*, Toronto: Energy Probe Research Foundation, http://www.ontla.on.ca/library/repository/mon/1000/10294758.pdf (12.07.2011).

Brunnengräber, Achim (2003), „Global Public Goods – Global Public Bads: Wer definiert sie, wer schützt sie, wer stellt sie bereit?“, in: Achim Brunnengräber (Hrsg.), *Globale öffentliche Güter unter Privatisierungsdruck – Festschrift für Elmar Altvater*, Münster: Westfälisches Dampfboot, 26-38.

Bruns, Bryan (2003), *Water Tenure Reform: Developing an Extended Ladder of Participation*, Präsentiert auf der Konferenz „Politics of the Commons: Articulating Development and Strengthening Local Practices”, 14.-14. Juli 2003, Chiang Mai, Thailand, http://dlc.dlib.indiana.edu/dlc/handle/10535/453 (04.10.2011).

Buchanan, James M. (1965), „An Economic Theory of Clubs”, *Economica*, 32(125), 1-14.

Buchanan, James M. (1975), *The Limits of Liberty: Between Anarchy and Leviathan*, Chicago und London: University of Chicago Press.

Buck, Susan J. (1998), *The Global Commons: An Introduction,* Washington, D.C.: Island Press.

Bünder, Helmut (2010), *Die Wasser-Monopole*, Frankfurter Allgemeine Zeitung, 02.02.2010, http://www.faz.net/aktuell/wirtschaft/bgh-urteil-die-wasser-monopole-1936082.html (16.10.2011).

Bundesregierung (2010), *Fortschrittsbericht 2012 zur nationalen Nachhaltigkeitsstrategie – Konsultationspapier vom 20. September 2010 -*, http://www.bundesregierung.de/nsc_true/Webs/Breg/nachhaltigkeit/Content/__Anlagen/Konsultationspapier_20zum_20Fortschrittsbericht_202012,property=publicat ionFile.pdf/Konsultationspapier%20zum%20Fortschrittsbericht%202012 (15.10.2011).

Calvert, Randall L. (1995), „Rational Actors, Equilibrium, and Social Institutions", in: Jack Knight und Itai Sened (Hrsg.), *Explaining Social Institutions*, Ann Arbor: University of Michigan Press, 57-93.

Campbell, John L. und Leon N. Lindberg (1990), „Property Rights and the Organization of Economic Activity by the State", *American Sociological Review*, 55(5), 634-657.

CAWP (2005), „Declaration of the Coalition Against Water Privatization (South Africa): Manifesto adopted in November 2003", in: David A. McDonald und Greg Ruiters (Hrsg.), *The age of commodity: water privatization in Southern Africa*, London: Earthscan, 166-167.

Choe, Olivia S. (2004), „Appurtenancy Reconceptualized: Managing Water in an Era of Scarcity", *Yale Law Journal*, 113(8), 1909-1954.

Clarke, George R.G., Katrina Kosec und Scott Wallsten (2009), „Has private participation in water and sewerage improved coverage? Empirical evidence from Latin America", *Journal of International Development*, 21(3), 327-361.

Cleaver, Frances (1999), „Paradoxes of Participation: Questioning Participatory Approaches to Development", *Journal of International Development*, 11(4), 597-612.

Cleaver, Frances (2002), „Reinventing Institutions: Bricolage and the Social Embeddedness of Natural Resource Management", *European Journal of Development Research*, 14(2), 11-30.

Cleaver, Frances und Tom Franks (2005), *How institutions elude design: river basin management and sustainable livelihoods*, BCID Research Paper No. 12, Bradford Centre for International Development, http://www.bradford.ac.uk/acad/dppc/research/papers/ResearchPaper12CleaverFranks.pdf (25.07.2011).

Commons, John R. (1970), *The Economics of Collective Action*, Madison et al.: University of Wisconsin Press.

Commons, John R. (1974), *Legal foundations of capitalism*, Clifton: Augustus M. Kelley Publishers.

Coleman, James S. (1987), „Norms as Social Capital", in: Radnitzky, Gerard und Peter Bernholz (Hrsg.), *Economic Imperialism*, New York: Paragon House Publishers.

Coleman, James S. (1988), „Free Riders and Zealots: The Role of Social Networks", *Sociological Theory*, 6(1), 52-57.

Cox, Michael, Gwen Arnold und Sergio Villamayor Tomás (2010), „A Review of Design Principles for Community-based Natural Resource Management", *Ecology and Society*, 15(4), Artikel 38.

Crawford, Sue E. S. und Elinor Ostrom (1998), „A Grammar of Institutions", *American Political Science Review*, 89(3), 582-600.

Crawford, Sue E. S. und Elinor Ostrom (2005), „A Grammar of Institutions", in: Ostrom, Elinor (Hrsg.), *Understanding Institutional Diversity*, Princeton, Oxford: Princeton University Press.

Cutler, David und Grant Miller (2006), „Water, Water Everywhere: Municipal Finance and Water Supply in American Cities", in: Edward L. Glaeser und Claudia Goldin (Hrsg.), *Corruption and Reform: Lessons from America's Economic History*, Chicago: The University of Chicago Press, 153-184.

Cuzán, Alfred G. (1979), „A Critique of Collectivist Water Resources Planning", *Political Research Quarterly*, 32(2), 320-326.

Dasgupta, Partha (1982), *The Control of Resources*, Oxford: Basil Blackwell.

Dawes, Robyn M. (1975), „Formal Models of Dilemmas in Social Decision Making", in: Martin F. Kaplan und Steven Schwartz (Hrsg.), *Human Judgment and Decision Processes*, New York et al.: Academic Press, 87-108.

Dietz, Thomas, Nives Dolšak, Elinor Ostrom und Paul C. Stern (2002), „The Drama of the Commons", in: Elinor Ostrom, Thomas Dietz, Nives Dolšak, Paul C. Stern, Susan Stonich und Elke U. Webers (Hrsg.), *The Drama of the Commons*, Washington, D.C.: National Academy Press, 3-36.

Dietz, Thomas, Elinor Ostrom und Paul C. Stern (2003), „The Struggle to Govern the Commons", *Science*, 302(5652), 1907-1912.

Dobner, Petra (2010), *Wasserpolitik - Zur politischen Theorie, Praxis und Kritik globaler Governance,* Erste Ausgabe, Berlin: Suhrkamp.

Donges, Juergen B. und Andreas Freytag (2009), *Allgemeine Wirtschaftspolitik*, 3. Ausgabe, Stuttgart: Lucius & Lucius.

Dupuit, Jules (1969), „On the measurement of the utility of public works", in: Kenneth J. Arrow und Tibor Scitovsky (Hrsg.), *Readings in Welfare Economics: Selected by a Committee of The American Economic Associoation*, London: George Allen and Unwin, S. 255-283.

EEAC (2009), *Nachhaltige europäische Infrastrukturen*, Europäisches Netzwerk der Umwelt- und Nachhaltigkeitsräte (Hrsg.), http://www.umweltrat.de/SharedDocs/Downloads/DE/06_Hintergrundinformationen/2009_10_EEAC_Stellungnahme_Nachhaltige_europaeische_Infrastrukturen.pdf?__blob=publicationFile (15.10.2011).

EG (2000), *Richtlinie 2000/60/EG des Europäischen Parlaments und des Rates vom 23. Oktober 2000 zur Schaffung eines Ordnungsrahmens für Maßnahmen der Gemeinschaft im Bereich der Wasserpolitik*, online Ausgabe der Europäischen Union, http://eur-lex.europa.eu/LexUriServ/LexUriServ.do?uri=CONSLEG:2000L0060:20090625:DE:PDF (03.10.2011).

Eicke-Diekmann, Claudia (2009a), *Bürger an die Macht*, Financial Times Deutschland, 18.05.2009, http://www.wg-ellerhoop.de/wp-content/uploads/Genossenschaften.pdf (13.10.2011).

Eicke-Diekmann, Claudia (2009b), *Ellerhooper Wasser – gut und günstig*, Pinneberger Zeitung, 12.06.2009, http://www.wg-ellerhoop.de/wp-content/uploads/PIZ090612.pdf (13.10.2011).

Eisen, Andreas (2009), „Zukunftsmodell Genossenschaft: Potenziale und Stärken", in: Deutscher Städte- und Gemeindebund (Hrsg.), *Genossenschaften – Miteinander von Bürgern, örtlicher Wirtschaft und Kommunen*, Verlagsbeilage „Stadt und Gemeinde INTERAKTIV" Ausgabe 9/2004, DStGB Dokumentation Nr. 40, 2-4, http://www.neuegenossenschaften.de/download/DStGB_Doku40.pdf (26.09.2011).

EPA (2002), *The Clean Water and Drinking Water Infrastructure Gap Analysis*, United States Environmental Protection Agency (Hrsg.), http://www.epa.gov/ogwdw/gapreport.pdf (07.08.2011).

Estache, Antonio, Sergio Perelman und Lourdes Trujillo (2005), *Infrastructure Performance and Reform in Developing and Transition Economies: Evidence from a Survey of Productivity Measures*, World Bank Policy Research Working Paper 3514, Washington, D.C.: World Bank.

Eucken, Walter und Franz Böhm (1948), „Vorwort", in: Walter Eucken und Franz Böhm (Hrsg.), *ORDO: Jahrbuch für die Ordnung von Wirtschaft und Gesellschaft*, Erster Band, Bad Godesberg: Helmut Küpper vormals Georg Bondi, VII-XI.

Ewers, Hans-Jürgen, Konrad Botzenhart, Martin Jekel, Jürgen Salzwedel und Andreas Kraemer (2001), *Optionen, Chancen und Rahmenbedingungen einer Marktöffnung für eine nachhaltige Wasserversorgung*, Endbericht Juli 2001, BMWi-Forschungsvorhaben (11/00), http://ecologic.eu/download/projekte/950-999/973/973ewers-gutachten.pdf (20.08.2011).

Faysse, Nicolas (2005), „Coping with the Tragedy of the Commons: Game Structure and Design of Rules", *Journal of Economic Surveys*, 19(2), 239-261.

Feeny, David, Susan Hanna und Arthur F. McEvoy (1996), „Questioning the Assumptions of the "Tragedy of the Commons" Model of Fisheries", *Land Economics*, 72(2), 187-205.

Föllmi, Reto und Urs Meister (2011), *Enhancing the Efficiency of Water Supply: Product Market Competition versus Trade*, Discussion Paper no. 2011-21, School of Economics and Political Science, St. Gallen: University of St. Gallen, http://www1.vwa.unisg.ch/RePEc/usg/econwp/EWP-1121.pdf (26.07.2011).

Franceys, Richard (2008), „GATS, 'privatization' and institutional development for urban water provision: future postponed'?", *Progress in Development Studies*, 8(1), 45-58.

Frischmann, Brett M. (2006), *An Economic Theory of Infrastructure and Commons Management*, American Law & Economics Association Annual Meetings, Paper 18/2006, 916-1030, http://dlc.dlib.indiana.edu/dlc/handle/10535/5258 (05.08.2011).

Gabler (1992), *Gabler Wirtschafts Lexikon*, 13. Ausgabe, Wiesbaden: Gabler.

Gabler (2011), *Gabler Wirtschaftslexikon*, online Ausgabe, http://wirtschaftslexikon.gabler.de/Definition/knappes-gut.html (03.07.2011).

Gardner, Roy und Elinor Ostrom (1991), „Rules and games", *Public Choice*, 70(2), 121-149.

Gautam, Ambika P. und Ganesh P. Shivakoti (2005), „Conditions for Successful Local Collective Action in Forestry: Some Evidence From the Hills of Nepal", *Society and Natural Resources*, 18(2), 153-171.

Gawel, Erik (2011), „Die Allmendeklemme und die Rolle der Institutionen. Oder: Wozu Märkte auch bei Tragödien taugen", *Aus Politik und Zeitgeschichte*, 28/11.07.2011, http://www.bundestag.de/dasparlament/2011/28-30/Beilage/005.html (27.09.2011).

GG (2011), *Grundgesetzt für die Bundesrepublik Deutschland*, Bonn: Bundeszentrale für politische Bildung.

Ghate, Rucha und Harini Nagendra (2005), „Role of Monitoring in Institutional Performance: Forest Management in Maharashtra, India", *Conservation and Society*, 3(2), 509-532.

Gintis, Herbert (2000), „Beyond Homo economicus: evidence from experimental economics", *Ecological Economics*, 35(3), 311-322.

Gleick, Peter H., Gary Wolff, Elizabeth L. Chalecki und Rachel Reyes (2002), *The New Economy of Water: The Risks and Benefits of Globalization and Privatization of Fresh Water*, Oakland: Pacific Institute for Studies in Development, Environment, and Security.

Godwin, Kenneth R. und W. Bruce Shepard (1979), „Forcing Squares, Triangles and Ellipses into a Circular Paradigm: The Use of the Commons Dilemma in Examining the Allocation of Common Resources", *The Western Political Quarterly*, 32(3), 265-277.

Görlach, Benjamin und Eduard Interwies (2003), *Economic Assessment of Groundwater Protection: A Survey of the Literature*, Berlin: Ecologic.

Gordon, H. Scott (1954), „The Economic Theory of a Common-Property Resource: The Fishery", *Journal of Political Economy*, 62(2), 124-142.

Goubert, Jean-Pierre (1989), *The conquest of water: the advent of health in the industrial age*, Cambridge (UK): Polity Press.

Graham, Stephen und Simon Marvin (2002), *Splintering urbanism: networked infrastructures, technological mobilities and the urban condition*, London, New York: Routledge.

Green, Colin (2000), „If only life were that simple; optimism and pessimism in economics", in: *Physics and Chemistry of the Earth*, 25(3), 205-212.

Grefe, Christiane (2009), *Nicht ohne uns!*, Die Zeit, 05.02.2009, http://www.zeit.de/2009/07/Plebiszite (05.07.2011).

Gregg, Pauline (1982), *A Social and economic history of Britain 1760-1980*, Achte Ausgabe, London: Harrap.

Griffin, Ronald C. (2006), *Water resource economics: the analysis of scarcity, policies, and projects*, Cambridge (US), London: MIT Press.

Guillet, David W. (1992), *Covering Ground: Communal Water Management and the State in the Peruvian Highlands*, Ann Arbor: University of Michigan Press.

Guy, Simon, Stephen Graham und Simon Marvin (1999), „Splintering networks: the social, spatial and environmental implications of the privatization and liberalization of utilities in Britain", in: Olivier Coutard (Hrsg.), *The Governance of Large Technical Systems*, London: Routledge, 149-169.

Haakh, Frieder (2002), „Nachhaltige Trinkwasserversorgung in Deutschland", *Energie Wasser Praxis*, 7/8, 10-14.

Haarmeyer, David (1992), *Privatizing Infrastructure: Options for Municipal Water-Supply Systems*, Policy Study Nr. 151, Los Angeles: Reason Foundation.

Hall, Peter A. und Rosemary C. R. Taylor (1996), „Political Science and the Three New Institutionalisms", *Political Science*, 44(5), 936-957.

Hanemann, W. Michael (2006), „The economic conception of water", in: Peter P. Rogers, M. Ramón Llamas und Luis Martínez-Cortina (Hrsg.), *Water Crisis: Myth or Reality? Marcelino Botin Water Forum 2004*, London et al.: Taylor & Francis, 61-92.

Hardin, Garrett (1968), „The Tragedy of the Commons", *Science*, 162(3859), 1243-1248.

Hayek, Friedrich August (1945), „The Use of Knowledge in Society", *American Economic Review*, 35(4), 519-530.

Hassan, John (1998), *A history of water in modern England and Wales*, Manchester, New York: Manchester University Press.

Heikkila, Tanya (2004), „Institutional Boundaries and Common-Pool Resource Management: A Comparative Analysis of Water Management Programs in California", *Journal of Policy Analysis and Management*, 23(1), 97-117.

Herz, Dietmar (2008), „Bürgerkrieg und politische Ordnung in *Leviathan* und *Behemoth*: Zum Kapitel 29 des *Leviathan*", in: Wolfgang Kersting (Hrsg.), *Thomas Hobbbes Leviathan oder Stoff, Form und Gewalt eines kirchlichen und bürgerlichen* Staates, Zweite Ausgabe, Berlin: Akademie Verlag, 213-231.

Hess, Charlotte und Elinor Ostrom (2001), „Artifacts, Facilities, And Content: Information as a Common-pool Resource", in: *Duke conference on the public domain*, Duke University Center of Law, 44-79.
http://www.law.duke.edu/pd/papers/ostromhes.pdf (06.07.2011)

Hirshleifer, Jack, James C. de Haven, Jerome W. Milliman (1969), *Water supply: economics, technology, and policy*, Vierte Ausgabe, Chicago, London: University of Chicago Press.

Holler, Manfred J. und Gerhard Illing (2009), *Einführung in die Spieltheorie*, Siebte Ausgabe, Berlin, Heidelberg: Springer.

Hume, David (1896), *A Treatise of Human Nature: being an attempt to introduce the experimental method of reasoning into moral subjects*, Nachdruck der Originalausgabe in drei Bänden, Lewis A. Selby-Bigge (Hrsg.), Oxford: Clarendon Press.

Hyman, David N. (1989), *Modern Microeconomics: Analysis and Applications*, Zweite Ausgabe, Homewood, Boston: Irwin.

Israel, Arturo (1992), *Issues for Infrastructure Management in the 1990s*, World Bank Discussion Paper 171, Washington, D.C.: World Bank.

Izaguirre, Ada Karina (2005), *Private Infrastructure: Emerging Market Sponsors Dominate Private Flows*, Public Policy for the private sector no. 299, Washington, D.C.: World Bank.

Jensen, Annette (2003), *Wasser aus eigenen Quellen*, Zeitungsartikel bereitgestellt von der Wasser-Genossenschaft Ellerhoop eG, http://www.wg-ellerhoop.de/wp-content/uploads/piz030701.pdf (13.10.2011).

Johnson, Ronald N. und Gary D. Libecap (1982), „Contracting Problems and Regulation: The Case of the Fishery", *American Economic Review*, 72(5), 1005-1022.

Kahlenborn, Walter und R. Andreas Kraemer (1998), *Nachhaltige Wasserwirtschaft in Deutschland (Identifizierung gegenläufiger Trends und Handlungsempfehlungen)*, Zusammenfassung, Dessau-Roßlau: Umweltbundesamt.

Kahn, Alfred E. (1971), *The Economics of Regulation: Principles and Institutions, Volume 2: Institutional Issues*, New York: John Wiley & Sons.

Kaul, Inge, Isabelle Grunberg und Marc A. Stern (1999), *Global public goods: international cooperation in the 21st century*, New York: Oxford University Press.

Kaul, Inge und Alexander Kocks (2003), „Globale öffentliche Güter: Zur Relevanz des Begriffs", in: Achim Brunnengräber (Hrsg.), *Globale Öffentliche Güter unter Privatisierungsdruck: Festschrift für Elmar Altvater*, Westfälisches Dampfboot: Münster, 39-56.

Keupp, Stefan und Michael Zschiesche (2010), *Die Aarhus-Konvention – Bürgerbeteiligung in neuer Qualität?*, Unabhängiges Institut für Umweltfragen, http://www.aarhus-konvention.de/media/content/files/Studien/Hintergrundpapier_Aarhus_Final.pdf (15.10.2011).

Kimber, Richard (1981), „Collective Action and the Fallacy of the Liberal Fallacy", *World Politics*, 33(2), 178-196.

Kiser, Larry L. und Elinor Ostrom (1982), „The Three Worlds of Action: A Metatheoretical Synthesis of Institutional Appreaches", in: Elinor Ostrom (Hrsg.), *Strategies of Political Inquiry*, Beverly Hills, London, New Delhi: Sage Publications, 179-222.

Klooster, Daniel (2000), „Institutional Choice, Community, and Struggle: A Case Study of Forest Co-Management in Mexico", *World Development*, 28(1), 1-20.

Kluge, Thomas, Alexandra Lux, Engelbert Schramm, Matthias Koziol, Antje Veit und Selma Becker (2003), *Netzwerkgebundene Infrastrukturen unter Veränderungsdruck – Sektoranalyse Wasser*, netWORKS-Papers Heft 2, Berlin: Deutsches Institut für Urbanistik.

Klüver, Henning (2011), *Italien rebelliert gegen Berlusconi: Der Mächtige, plötzlich ohnmächtig*, Süddeutsche Zeitung, 14.06.2011, http://www.sueddeutsche.de/politik/italien-rebelliert-gegen-berlusconi-der-maechtige-ploetzlich-ohnmaechtig-1.1108514 (02.07.2011).

Köhler, Bettina (2008), „Wasserwirtschaft im Kontext der Debatten um öffentliche Güter und gesellschaftliche Naturverhältnisse", in: Wasserkolloquium (Hrsg.), *Wasser. Die Kommerzialisierung eines öffentlichen Gutes*, Rosa-Luxemburg-Stiftung Bd.41, Berlin: Karl Dietz Verlag, 14-26.

Kohl, Peter (2010), *Wasser-Genossenschaft Ellerhoop eG*, Vortrag auf der fünften Tagung zur Genossenschaftsgeschichte des Zentralverbands deutscher Konsumgenossenschaften e.V., 06.11.2010, https://www.wg-ellerhoop.de/wp-content/uploads/101106_Vortrag_ZDK_compressed.pdf (13.10.2011).

Krüger, Sabine (2003), „Ein Element unter Druck: Wasser und Wassermärkte zwischen Regulierung und Privatisierung", in: Brunnengräber, Achim (Hrsg.), *Globale Öffentliche Güter unter Privatisierungsdruck: Festschrift für Elmar Altvater*, Münster: Westfälisches Dampfboot, 197-217.

Künneke, Rolf und Matthias Finger (2009), *The governance of infrastructures as common pool resources*, Präsentiert auf dem vierten Workshop im Workshop WOW4, 2.-7. Juni 2009, Indiana University Bloomington, USA, http://dlc.dlib.indiana.edu/dlc/handle/10535/1676 (15.08.2011).

Lam, Wai Fung (1994), *Governing Irrigation Systems in Nepal: Institutions, Infrastructure, and Collective Action*, Oakland: Institute for Contemporary Studies Press.

Leach, Melissa, Robin Mearns und Ian Scoones (1999), „Environmental Entitlements: Dynamics and Institutions in Community-Based Natural Resource Management", *World Development*, 27(2), 225-247.

Levi, Margaret (1988), *Of Rule and Revenue*, Berkeley und Los Angeles: University of California Press.

Libecap, Gary D. und Steven N. Wiggins (1985), „The Influence of Private Contractual Failure on Regulation: The Case of Oil Field Unitization", *Journal of Political Economy*, 93(4), 690-714.

Lobina, Emanuele und David Hall (2008), „The comparative advantage of the public sector in the development of urban water supply", in: *Progress in Development Studies*, 8(1), 85-101.

Luce, Duncan R. und Howard Raiffa (1967), *Games and Decisions*, New York et al.: John Wiley & Sons.

Luttmer, Nora (2003), *Wasserwerk, ganz privat: Die Bürger des norddeutschen Dörfchens Ellerhoop kaufen der Gemeinde das Wasserwerk ab*, Zeitungsartikel bereitgestellt von der Wasser-Genossenschaft Ellerhoop eG, http://www.wg-ellerhoop.de/wp-content/uploads/Wirtschaft030528.pdf (13.10.2011).

Malkin, Jesse und Aaron Wildavsky (1991), „Why the Traditional Distinction between Public and Private Goods Should be Abandoned", *Journal of Theoretical Politics*, 3(4), 355-378.

Mankiw, Gregory N. und Mark P. Taylor (2008), *Grundzüge der Volkswirtschaftslehre*, Vierte Ausgabe, Stuttgart: Schäffer-Poeschel Verlag.

Mansfield, Edwin (1988), *Microeconomics: Theory and Applications*, Sechste Ausgabe, New York, London: W. W. Norton & Company.

Marelli, Beatrice (2011), *Linking Sustainability of Institutions and the Commons: The Process of Self-governance for Water Management in Northern Italian Farming Communities*, Tagungsbericht der dreizehnten Biennial Conference of the International Association for the Study of the Commons „Sustaining Commons", 10.-14. Januar 2011, Hyderabad, Indien, http://dlc.dlib.indiana.edu/dlc/handle/10535/7125 (26.09.2011).

Marshall, Alfred (1975), „The pure theory of domestic values", in: John K. Whitaker (Hrsg.), *The Early Econommic Writings of Alfred Marshall, 1867*-1890, Band 2, London: Macmillan Press, 181-236.

McDonald, David A. und Greg Ruiters (2005), „Theorizing Water Privatization in Southern Africa", in: McDonald, David A. und Greg Ruiters (Hrsg.), *The age of commodity: water privatization in Southern Africa*, London: Earthscan, 13-42.

McIntosh, Arthur C. (2003), *Asian Water Supplies: Reaching the Urban Poor*, Manila: Asian Development Bank, http://www.adb.org/documents/books/asian_water_supplies/asian_water_supplies.pdf (13.07.2011).

McNeill, Desmond (1998), „Water as an economic good", *Natural Resources Forum*, 22(4), 253-261.

Melosi, Martin V. (2000), *The Sanitary City: Urban Infrastructure in America from Colonnial Times to the Present*, Baltimore: Johns Hopkins University Press.

Milgrom, Paul R., Douglass C. North und Barry R. Weingast (1990), „The Role of Institutions in the Revival of Trade: The Law Merchant, Private Judges, and the Champpagne Fairs", *Economics and Politics*, 2(1), 1-23.

MPI (2011), Homepage des Max-Planck Instituts für Gemeinschaftsgüter, http://www.coll.mpg.de/ (29.06.2011).

Musgrave, Richard A. (1983), „Public goods", in: Brown, E. Cary und Robert M. Solow (Hrsg.), *Paul Samuelson and modern economic theory*, New York: McGraw-Hill, 141-156.

Musgrave, Richard A. und Peggy B. Musgrave (1973), *Public Finance in Theory and Practice*, New York et al.: McGraw-Hill.

Musgrave, Richard A. und Peggy B. Musgrave (1980), *Public Finance in Theory and Practice*, Dritte Ausgabe, New York et al.: McGraw-Hill.

Neal, Kathy, Patrick J. Maloney, Jonas A. Marson und Tamer E. Francis (1996), *Restructuring America's Water Industry: Comparing Investor-Owned and Government Water Systems*, Policy Study No. 200, Los Angeles: Reason Foundation.

Nemarundwe, Nontokozo und Witness Kozanayi (2003), „Institutional Arrangements for Water Resource Use: A Case Study from Southern Zimbabwe", *Journal of Southern African Studies*, 29(1), 193-206.

Noll, Roger G. (2002), „The economics of urban water systems", in: Mary M. Shirley (Hrsg.), *Thirsting for Efficiency: The Economics and Politics of Urban Water System Reform*, Elsevier Science, Amsterdam et al.: Pergamon, 43-64.

North, Douglass C. (1990), *Institutions, Institutional Change and Economic Performance*, Cambridge (US) et al.: Cambridge University Press.

North, Douglass C. (1994), „Institutional Change: A Framework of Analysis", Internet Ausgabe, *Economic History*, 9412001, http://129.3.20.41/eps/eh/papers/9412/9412001.pdf (09.09.2011).

Nutzinger, Hans G. (2010), „Nobelpreis in Wirtschaftswissenschaften für Elinor Ostrom: Ein Überblick über ihr ökonomisches Hauptwerk", *Joint Discussion Paper Series in Economics*, No. 24-2010, http://www.uni-marburg.de/fb02/makro/forschung/magkspapers/23-2010_nutzinger.pdf (15.08.2011).

OECD (2000), *Global Trends in Urban Water Supply and Waste Water Financing and Management: Changing Roles for the Public and Private Sectors*, Paris: Organization for Economic Cooperation and Development.

Olson, Mancur (1968), *Die Logik des kollektiven Handelns: Kollektivgüter und die Theorie der Gruppen*, Tübingen: J. C. B. Mohr.

Ostmann, Axel, Werner W. Pommerehne, Lars P. Feld und Albert Hart (1997), „Umweltgemeingüter?", *Zeitschrift für Wirtschafts- und Sozialwissenschaften*, 117, 107-144.

Ostrom, Elinor (1986), „An Agenda for the Study of Institutions", *Public Choice*, 48(1), 3-25.

Ostrom, Elinor (1990), *Governing the Commons: The evolution of institutions of collective action,* Cambridge (UK): Cambridge University Press.

Ostrom, Elinor (1992), „The Rudiments of a Theory of the Origins, Survival, and Performance of Common-Property Institutions", in: Daniel W. Bromley, David Feeny, Margaret A. McKean, Pauline Peters, Jere L. Gilles, Ronald J. Oakerson, C. Ford Runge und James T. Thomson (Hrsg.), *Making the Commons Work: Theory, Practice, and Policy*, San Francisco: Institute for Contemporary Studies, 293-318.

Ostrom, Elinor (1998a), „A Behavioral Approach to the Rational Choice Theory of Collective Action: Presidential Address, American Political Science Association, 1997", *American Political Science Review*, 92(1), 1-22.

Ostrom, Elinor (1998b), „Self-Governance of Common-Pool Resources", in: Newman, Peter (Hrsg.), *The New Palgrave Dictionary of Economics and the Law*, Volume 3, MacMillan Reference Limited, London und New York: Stockton Press, 424-433.

Ostrom, Elinor (1999), „Coping with Tragedies of the Commons", *Annual Review of Political Science*, 2(1), 493-535.

Ostrom, Elinor (2000a), „Collective Action and the Evolution of Social Norms", *Journal of Economic Perspectives*, 14(3), 137-158.

Ostrom, Elinor (2000b), „Reformulating the Commons", *Swiss Political Science Review*, 6(1), 29-52.

Ostrom, Elinor (2005), *Understanding Institutional Diversity*, Princeton und Oxford: Princeton University Press.

Ostrom, Elinor (2007), „Institutional Rational Choice: An Assessment of the Institutional Analysis and Development Framework", in: Paul A. Sabatier (Hrsg.), *Theories of the Policy Process*, Boulder: Westview Press, 21-64.

Ostrom, Elinor (2008), *Design Principles of Robust Property-Rights Institutions: What have We Learned?*, Working paper präsentiert auf der Konferenz „Land Policies and Property Rights" des Lincoln Institute of Land Policy, Cambridge, USA, 2.-3. Juni 2008,
http://dlc.dlib.indiana.edu/dlc/handle/10535/3785 (26.09.2011).

Ostrom, Elinor (2010), „Beyond Markets and States: Polycentric Governance of Complex Economic Systems", *American Economic Review*, 100(3), 641-672.

Ostrom, Elinor (2011), *Was mehr wird, wenn wir teilen. Vom gesellschaftlichen Wert der Gemeingüter*, Silke Helfrich (Hrsg.), München: Oekom Verlag.

Ostrom, Elinor und Roy Gardner (1993), „Coping with Asymmetries in the Commons: Self-Governing Irrigation Systems Can Work", *Journal of Economic Perspectives*, 7(4), 93-112.

Ostrom, Elinor, Roy Gardner und James Walker (1994), *Rules, Games, and Common-Pool Resources*, Ann Arbor: University of Michigan Press.

Ostrom, Vincent (1962), „The Political Economy of Water Development", *American Economic Review*, 52(2), 450-458.

Ostrom, Vincent und Elinor Ostrom (1977), „Public Goods and Public Choices", in: Emanuel S. Savas (Hrsg.), *Alternatives for Delivering Public Services: Toward Improved Performance*, Boulder: Westview Press, 7-50.

Ostrom, Vincent, Charles M. Tiebout und Robert Warren (1961), „The Organization of Government in Metropolitan Areas: A Theoretical Inquiry", *American Political Science Review*, 55(4), 831-842.

Paavola, Jouni und W. Neil Adger (2005), „Institutional ecological economics", *Ecological Economics*, 53(3), 353-568.

Paehlke, Robert C. (2004), „Sustainability", in: Robert F. Durant, Daniel J. Fiorino und Rosemary O'Leary (Hrsg), *Environmental Governance Reconsidered: Challenges, Choices, and Opportunities*, Cambridge (US) und London: MIT Press, 35-67.

Perry, Christopher John, Michael Rock und David Seckler (1997), *Water as an economic good: A solution, or a problem?*, Research Report 14, Colombo: International Irrigation Management Institute.

Pickhardt, Michael (2003), *Studien zur Theorie öffentlicher Güter*, Marburg: Metropolis-Verlag.

Pindyck, Robert S. und Daniel L. Rubinfeld (2009), *Mikroökonomie*, Siebte Ausgabe, New Jersey: Pearson Educational International.

Plato (o. A.), *Euthydemus,* eBook, Benjamin Jowett (Hrsg.), Champaign: Project Gutenberg, http://web.ebscohost.com/ehost/ebookviewer/ebook/nlebk_1085367_AN?sid=66ef b187-2ad6-4a11-9b43-099eb6491a44@sessionmgr10&vid=1 (05.07.2011).

Platteau, Jean-Philippe (2004), „Monitoring Elite Capture in Community-Driven Development", *Development and Change*, 35(2), 223-246.

Poteete, Amy R., Marco A. Janssen und Elinor Ostrom (2009), *Multiple Methods in Practice: Collective Action and the Commons*, Version 30. Januar 2009, http://commons.asu.edu/files/book_chapters/PoteeteJanssenOstrom_MultipleMeth odsInPractice_Jan30.pdf (01.09.2011).

Riker, William H. (1980), „Implications from the Disequilibrium of Majority Rule for the Study of Institutions", *American Political Science Review*, 74(2), 432-446.

Rogers, Peter, Radhika de Silva, Ramesh Bhatia (2002), „Water is an economic good: How to use prices to promote equity, efficiency, and sustainability", *Water Policy*, 4(1), 1-17.

Rose, Carol M. (2002), „Common Property, Regulatory Property, and Environmental Protection: Comparing Community-Based Management to Tradable Environmental Allowances", in: Elinor Ostrom, Thomas Dietz, Nives Dolšak, Paul C. Stern, Susan Stonich und Elke U. Webers (Hrsg.), *The Drama of the Commons*, Washington, D.C.: National Academy Press, 233-257.

Rout, Shyama Prasad (2006), *Co-Management of Common Property Resources: A Case Study of Supra National, National and Sub-National Institutions in Fisheries Management around Chilika Lake in Orissa, India*, Tagungsbericht der elften

Konferenz der International Association for the Study of Common Property „Survival of the Commons: Mounting Challenges and New Realities", 19.-23. Juni 2006, Bali, Indonesien, http://dlc.dlib.indiana.edu/dlc/handle/10535/2073 (20.09.2011).

RSAS (2009), *Scientific Background on the Sveriges Riksbank Prize in Economic Sciences in Memory of Alfred Nobel 2009: Economic Governance*, The Royal Swedish Academy of Sciences (Hrsg.), Stockholm: The Royal Swedish Academy of Sciences, http://www.nobelprize.org/nobel_prizes/economics/laureates/2009/ecoadv09.pdf (02.09.2011).

Runge, C. Ford (1992), „Common Property and Collective Action in Economic Development", in: Daniel W. Bromley, David Feeny, Margaret A. McKean, Pauline Peters, Jere L. Gilles, Ronald J. Oakerson, C. Ford Runge und James T. Thomson (Hrsg.), *Making the Commons Work: Theory, Practice, and Policy*, San Francisco: Institute for Contemporary Studies Press, 17-39.

Samuelson, Paul A. (1954), „The Pure Theory of Public Expenditure", *Review of Economics and Statistics*, 36(4), 387-389.

Samuelson, Paul A. (1955), „Diagrammatic Exposition of a Theory of Public Expenditure", *Review of Economics and Statistics*, 37(4), 350-356.

Samuelson, Paul A. und William D. Nordhaus (2005), *Volkswirtschaftslehre: Das internationale Standardwerk der Makro- und Mikroökonomie*, Landsberg am Lech: mi-Fachverlag.

Santen, Gaby (2011), Informationen aus persönlicher Emailkorrespondenz mit der Wasser-Genossenschaft Ellerhoop im Zeitraum 27.09.2011 bis 06.10.2011.

Savas, Emanuel S. (1987), *Privatization: The Key to Better Government*, Chatham: Chatham House Publishers.

Savenije, Hubert H.G. (2002), „Why water is not an ordinary economic good, or why the girl is special", *Physics and Chemistry of the Earth*, 27, 741-744.

Schlager, Edella (1994), „Fishers' Institutional Responses to Common-Pool Resource Dilemmas", in: Elinor Ostrom, Roy Gardner und James Walker (Hrsg.), *Rules, Games, and Common-Pool Resources*, Ann Arbor: University of Michigan Press, 247-265.

Schlager, Edella (2002), „Rationality, Cooperation, and Common Pool Resources", *American Behavioral Scientist*, 45(5), 801-819.

Schlager, Edella (2004), „Common-Pool Resource Theory", in: Robert F. Durant, Daniel J. Fiorino und Rosemary O'Leary (Hrsg.), *Environmental Governance Reconsidered: Challenges, Choices, and Opportunities*, Cambridge (US) und London: MIT Press, 145-175.

Schlager, Edella und Elinor Ostrom (1992), „Property-Rights Regimes and Natural Resources: A Conceptual Analysis", *Land Economics*, 68(3), 249-262.

Schlager, Edella und Tanya Heikkila (2004), *Examining the Interaction Among CPR Governance Principles: Boundary Problems, Collective Choice and Conflict Resolution in Interstate Watersheds*, Präsentiert auf dem Workshop der Watersheds Working Group, 2.-6. Juni 2004, Indiana University, Bloomington, http://dlc.dlib.indiana.edu/dlc/handle/10535/6521 (26.09.2011).

Schlager, Edella, William Blomquist und Shui Yan Tang (1994), „Mobile Flows, Storage, and Self-Organized Institutions for Governing Common-Pool Resources", *Land Economics*, 70(3), 294-317.

Schotter, Andrew (1981), *The economic theory of social institutions*, Cambridge (US) et al.: Cambridge University Press.

Schumann, Jochen, Ulrich Meyer und Wolfgang Ströbele (1999), *Grundzüge der mikroökonomischen Theorie*, Siebte Ausgabe, Berlin et al.: Springer.

Schweik, Charles M. (2000), „Optimal Foraging, Institutions, and Forest Change: A Case from Nepal", in: Clark C. Gibson, Margaret A. McKean, and Elinor Ostrom (Hrsg.), *People and Forests: Communities, Institutions, and Governance*, Cambridge (US), London: MIT Press, 99-134.

Scott, Anthony (1955), „The Objectives of Sole Ownership", *Journal of Political Economy*, 63(2), 116-124.

Seckler, David, Upali Amarasinghe, David Molden, Radhika de Silva und Randolph Barker (1998), *World Water Demand and Supply, 1990 to 2025: Scenarios and Issues*, Research Report 19, Colombo: International Water Management Institute.

Seeliger, Per und Sabine Wrede (2009), „Zum neuen Wasserhaushaltsgesetz: Insbesondere aus Sicht der Wasserversorgung und Abwasserentsorgung“, *Natur und Recht*, 31(10), 679-686.

Sengupta, Nirmal (2004), *Common Mistakes about Common Property*, Tagungsbericht der zehnten Biennial Conference of the International Assiciation for the Study of Common Property „The Commons in an Age of Global Transition: Challenges, Risks and Opportunities, 9.-13. August 2004, Oaxaca, Mexico, http://dlc.dlib.indiana.edu/dlc/handle/10535/1231 (23.09.2011).

Shepsle, Kenneth A. (1989), „Studying Institutions: Some Lessons from the Rational Choice Approach", *Journal of Theoretical Politics*, 1(2), 131-147.

Shiva, Vandana (2002), *Water Wars: Privatization, Pollution and Profit*, London: Pluto Press.

Shmanske, Stephen (1991), *Public goods, mixed goods, and monopolistic competition*, Erste Ausgabe, College Station: Texas A&M University Press.

Simon, Herbert A. (1972), „Theories of bounded rationality", in: C. B. McGuire und Roy Radner (Hrsg.), *Decision and Organization: A Volume in Honor of Jacob Marschak*, Amsterdam, London: North-Holland Publishing Company, 161-176.

Smith, Adam (1776), *Wealth of nations*, eBook, Hoboken: BiblioBytes, http://web.ebscohost.com/ehost/ebookviewer/ebook/nlebk_2008591_AN?sid=c8a1e0ba-6cef-4e5c-b901-711e3939fa5f@sessionmgr13&vid=1 (05.07.2011).

Sneath, David (1998), „State Policy and Pasture Degradation in Inner Asia", *Science*, 281(5380), 1147-1148.

Soden, Susanne von (2004), „Wassergenossenschaft Ellerhoop eG", in: Deutscher Städte- und Gemeindebund (Hrsg.), *Genossenschaften – Miteinander von Bürgern, örtlicher Wirtschaft und Kommunen*, Verlagsbeilage „Stadt und Gemeinde INTERAKTIV" Ausgabe 9/2004, DStGB Dokumentation Nr. 40, 7-8, http://www.neuegenossenschaften.de/download/DStGB_Doku40.pdf (26.09.2011).

Solanes, Miguel und Fernando Gonzalez-Villarreal (1999), *The Dublin Principles for Water as Reflected in a Comparative Assessment of Institutional and Legal Arrangements for Integrated Water Resources Management*, TAC Background Papers No. 3, Stockholm: Global Water Partnership.

Sproule-Jones, Mark (1993), *Governments at Work: Canadian Parliamentary Federalism and Its Public Policy Effects*, Toronto et al.: University of Toronto Press.

SRU (2000), *Umweltgutachten 2000: Schritte ins nächste Jahrtausend*, Sachverständigenrat für Umweltfragen (Hrsg.), http://www.umweltrat.de/SharedDocs/Downloads/DE/01_Umweltgutachten/2000_Umweltgutachten_Bundestagsdrucksache.pdf?__blob=publicationFile (25.07.2011).

SRU (2002), *Umweltgutachten 2002: Für eine neue Vorreiterrolle,* Sachverständigenrat für Umweltfragen (Hrsg.), http://www.umweltrat.de/SharedDocs/Downloads/DE/01_Umweltgutachten/2002_Umweltgutachten_Bundestagsdrucksache.pdf?__blob=publicationFile (25.07.2011).

SRU (2004), *Umweltgutachten 2004: Umweltpolitische Handlungsfähigkeit sichern*, Kurzfassung, Sachverständigenrat für Umweltfragen (Hrsg.), http://www.umweltrat.de/SharedDocs/Downloads/DE/01_Umweltgutachten/2004_Umweltgutachten_Kurzfassung.pdf?__blob=publicationFile (15.10.2011).

SRU (2007), *Umweltverwaltungen unter Reformdruck: Herausforderungen, Strategien, Perspektiven*, Sachverständigenrat für Umweltfragen (Hrsg.), http://www.umweltrat.de/SharedDocs/Downloads/DE/02_Sondergutachten/2007_SG_Umweltverwaltungen_unter_Reformdruck_Buch.pdf?__blob=publicationFile (15.10.2011).

SRU (2008), *Umweltgutachten 2008: Umweltschutz im Zeichen des Klimawandels*, Band 1, Sachverständigenrat für Umweltfragen (Hrsg.), http://www.umweltrat.de/SharedDocs/Downloads/DE/01_Umweltgutachten/2008_Umweltgutachten_HD_Band1.pdf?__blob=publicationFile (15.10.2011).

Statistisches Bundesamt (2009), *Umwelt: Öffentliche Wasserversorgung und Abwasserbeseitigung*, Fachserie 19 Reihe 2.1, Wiesbaden: Statistisches Bundesamt.

Statistisches Bundesamt (2011), *Statistisches Jahrbuch 2011: Für die Bundesrepublik Deutschland mit >>Internationalen Übersichten<<*, Statistisches Bundesamt (Hrsg.), http://www.destatis.de/jetspeed/portal/cms/Sites/destatis/Internet/DE/Navigation/Publikationen/Querschnittsveroeffentlichungen/Jahrbuch,templateId=renderPrint.psml__nnn=true (11.10.2011).

Stern, Paul C., Thomas Dietz, Nives Dolšak, Elinor Ostrom und Susan Stonich (2002), „Knowledge and Questions After 15 Years of Research", in: Elinor Ostrom, Thomas Dietz, Nives Dolšak, Paul C. Stern, Susan Stonich und Elke U. Webers (Hrsg.), *The Drama of the Commons*, Washington, D.C.: National Academy Press, 445-489.

Stiglitz, Joseph E. (2000), *Economics of the public sector*, Dritte Ausgabe, New York, London: W. W. Norton & Company.

Sturm, Bodo und Joachim Weimann (2001), *Experimente in der Umweltökonomik*, FEMM working paper No. 7/2001, http://www.wiwi.uni-regensburg.de/buchholz/forschung/AVR/Berlin/Vortrag%20Berlin/ joachim_weimann.pdf (05.10.2011).

Sturm, Bodo und Joachim Weimann (2006), „Experiments in Environmental Economics and Some Close Relatives", *Journal of Economic Surveys*, 20(3), 419-457.

Sugden, Robert (1986), *The Economics of Rights, Co-operation and Welfare*, Oxford, New York: Blackwell.

Swyngedouw, Erik (2008), „Wasser, Geld und Macht", in: Wasserkolloquium (Hrsg.), *Wasser. Die Kommerzialisierung eines öffentlichen Gutes*, Rosa-Luxemburg-Stiftung Bd.41, Berlin: Karl Dietz Verlag, 27-44.

Taylor, Michael (1987), *The Possibility of Cooperation*, Cambridge (UK) et al.: Cambridge University Press.

Tietenberg, Tom (2002), „The Tradable Permits Approach to Protecting the Commons: What Have We Learned?", in: Elinor Ostrom, Thomas Dietz, Nives Dolšak, Paul C. Stern, Susan Stonich und Elke U. Webers (Hrsg.), *The Drama of the Commons*, Washington, D.C.: National Academy Press, 197-232.

Trawick, Paul B. (2001), „Successfully Governing the Commons: Principles of Social Organization in an Andean Irrigation System", *Human Ecology*, 29(1), 1-25.

TrinkwV (2001), „Verordnung über die Qualität von Wasser für den menschlichen Gebrauch (Trinkwasserverordnung – TrinkwV 2001)", *Bundesgesetzblatt Jahrgang 2001 Teil I Nr. 24, S. 959*, zuletzt geändert am 03. Mai 2011, Bundesgesetzblatt Jahrgang 2011, Teil I Nr. 21, S. 748, http://www.gesetze-im-internet.de/bundesrecht/trinkwv_2001/gesamt.pdf (03.10.2011).

Truman, David B. (1951), *The Governmental Process: Political Interests and Public Opinion*, New York: Alfred A. Knopf.

Tucker, Albert William (1955), *Game theory and programming*, Stillwater: Department of Mathematics, The Oklahoma Agricultural and Mechanical College.

UBA (2010a), *Wasserwirtschaft in Deutschland: Teil 1 – Grundlagen -*, Stand: Juli 2010, Umweltbundesamt (Hrsg.), Dessau-Roßlau: Umweltbundesamt, http://www.umweltbundesamt.de/uba-info-medien/3469.html (20.08.2011).

UBA (2010b), *Wasserwirtschaft in Deutschland: Teil 2 – Gewässergüte -*, Stand: Juli 2010, Umweltbundesamt (Hrsg.), Dessau-Roßlau: Umweltbundesamt, http://www.umweltbundesamt.de/uba-info-medien/3470.html (20.08.2011).

UBA (2011), *Wasserressourcen und ihre Nutzung*, Umweltbundesamt (Hrsg.), http://www.umweltbundesamt-daten-zur-umwelt.de/umweltdaten/public/theme.do?nodeIdent=2303 (20.09.2011).

UfU (2010), *Stellungnahme zum Fortschrittsbericht der Bundesregierung zur Umsetzung der Aarhus-Konvention in der Bundesrepublik Deutschland*, Unabhängiges Institut für Umweltfragen (Hrsg.), http://www.aarhus-konvention.de/media/content/files/Umsetzung%20in%20Deutschland/ Stellungnahme-Umsetzungsbericht-Aarhus-Konvention_Umweltverbaende.pdf (10.10.2011).

Ullmann-Margalit, Edna (1977), *The Emergence of Norms*, Oxford: Clarendon Press.

UNCED (1992), *Agenda 21: Konferenz der Vereinten Nationen für Umwelt und Entwicklung, Rio de Janeiro, Juni 1992,* United Nations Conference on Environment and Development, http://www.un.org/Depts/german/conf/agenda21/agenda_21.pdf (20.06.2011).

UNDP (2006), *Human Development Report 2006: Beyond scarcity: Power, poverty and the global water crisis*, United Nations Development Programme (Hrsg.), New York: Palgrave Macmillan.

UN WWAP (2003a), *Water for People, Water for Life: The United Nations World Water Development Report*, United Nations World Water Assessment Programme (Hrsg.), Paris: UNESCO.

UN WWAP (2003b), *Wasser für Menschen, Wasser für Leben: Weltwasserentwicklungsbericht der Vereinten Nationen*, deutsche Zusammenfassung, United Nations World Water Assessment Programme (Hrsg.), Paris: UNESCO.

UN WWAP (2006), *The World Water Development Report 2: Water, a shared responsibility*, United Nations World Water Assessment Programme (Hrsg.), Paris: UNESCO.

Van der Zaag, Pieter und Hubert H.G. Savenije (2000), „Towards improved management of shared river basins: lessons from the Maseru Conference", *Water Policy*, 2(1-2), 47-63.

Varian, Hal R. (2004), *Grundzüge der Mikroökonomik*, Sechste Ausgabe, München und Wien: Oldenbourg Wissenschaftsverlag.

Vayda, Andrew P. und Roy A. Rappaport (1968), „ Ecology: Cultural and Non-Cultural", in: James A. Clifton (Hrsg.), *Introduction to Cultural Anthropology: Es-*

says in the Scope and Methods of the Science of Man, Boston et al.: Houghton Mifflin Company, 477-497.

Wade, Robert (1994), *Village Republics: Economic Conditions for Collective Action in South India*, San Francisco: Institute for Contemporary Studies Press.

Wagener, Hans-Jürgen (2009), „Vilfredo Pareto (1848-1923)“, in: Heinz D. Kurz (Hrsg.), *Klassiker des ökonomischen Denkens Band 2: Von Vilfredo Pareto bis Amartya Sen*, München: Verlag C. H. Beck, 26-47.

Weltbank (1993), *Water resources management: A World Bank policy paper*, Washington, D.C.: World Bank.

Weltbank (1994), *World Development Report 1994: Infrastructure for Development*, New York: Oxford University Press.

Weltbank und IWF (2003), *Implementing the World Bank Group Infrastructure Action Plan (with special emphasis on follow-up on the recommendations of the World Panel on Financing Water Infrastructure)*, DC2003-0015, Washington, D.C.: Weltbank und Internationaler Währungsfond, Development Committee, http://siteresources.worldbank.org/DEVCOMMINT/Resources/Fall-2003/DC2003-0015%28E%29-Infrastructure.pdf (25.07.2011).

WHG (2009), „Gesetz zur Ordnung des Wasserhaushalts (Wasserhaushaltsgesetz – WHG)“, *Bundesgesetzblatt Jahrgang 2009 Teil I Nr. 51*, S. 2585, geändert durch Artikel 12 G vom 11.08.2010, Bundesgesetzblatt Jahrgang 2010 Teil I, S. 1163, http://www.gesetze-im-internet.de/bundesrecht/whg_2009/gesamt.pdf (03.10.2011).

WHO und UNICEF (2000), *Global water supply and sanitation assessment 2000 report*, New York: World Health Organization und United Nations Children's Fund.

Williamson, Oliver E. (1975), *Markets and Hierarchies: Analysis and Antitrust Implications*, New York: The Free Press.

Williamson, Oliver E. (2008), „Foreword: The New Institutional Economics Guidebook", in: Éric Brousseau und Jean-Michel Glachant (Hrsg.), *New Institutional Economics: A Guidebook*, Cambridge (UK) et al.: Cambridge University Press, xxiii-xxxvii.

Willner, Johan (2001), „Ownership, efficiency, and political interference", in: *European Journal of Political Economy*, 17(4), 723-748.

Winpenny, James (2003), *Water for All: Report of the World Panel on Financing Water Infrastructure*, World Water Council, Third World Water Forum, Global Water Partnership (Hrsg.), http://www.unwater.org/downloads/FinPanRep_MainRep.pdf (25.07.2011).

WMO (1992), *The Dublin Statement on water and sustainable development*, ACC/ISGWR, Genf: World Meteorological Organization, http://www.wmo.int/pages/prog/hwrp/documents/english/icwedece.html (20.06.2011).

WRI (2003), *World Resources 2002-2004: Decisions for the Earth: Balance, voice, and power*, World Resources Institute (Hrsg.), Washington, D.C.: World Resources Institute.

Young, Oran R. (2002), „Institutional Interplay: The Environmental Consequences of Cross-Scale Interactions", in: Elinor Ostrom, Thomas Dietz, Nives Dolšak, Paul C. Stern, Susan Stonich und Elke U. Webers (Hrsg.), *The Drama of the Commons*, Washington, D.C.: National Academy Press, 263-291.

Zebisch, Marc, Torsten Grothmann, Dagmar Schröter, Clemens Hasse, Uta Frisch und Wolfgang Cramer (2005), *Klimawandel in Deutschland: Vulnerabilität und Anpassungsstrategien klimasensitiver Systeme*, Climate Change 08/05, Dessau-Roßlau: Umweltbundesamt.

Zetland, David (2011), *The End of Abundance: economic solutions to water scarcity*, digital edition 1.0, Amsterdam: Aguanomics Press, http://endofabundance.com/teoa_sample_secure.pdf (20.06.2011).